记录中国铁路建设技术发展历程
凝聚智能、安全、绿色科技创新成果

百年京张　历史跨越

京张高铁
站场设计与技术

DESIGN AND TECHNOLOGY OF BEIJING-ZHANGJIAKOU
HIGH-SPEED RAILWAY STATION AND TERMINAL

中铁工程设计咨询集团有限公司 / 组织编写

奚文媛　李智伟　赵　鹏　张小虎　郑　玢　等 / 著

人民交通出版社股份有限公司
北　京

内 容 提 要

本书为"京张高铁设计与技术创新丛书"之一。通过对京张高铁站场设计理念、方法、特色的梳理和归纳，力求凝练形成新时期高速铁路站场设计的前沿技术与先进做法。结合清河站、张家口站、八达岭长城站、太子城站、北京北站五座重点车站的站场设计，深入阐述了其在绿色、智能、经济等方面进行的诸多探索与创新成果，体现了京张高铁对百年京张铁路历史遗产的传承和对中国智能铁路新时代的引领，可为今后我国高铁站场设计提供宝贵的经验借鉴。

本书可供从事站场设计的专业人员参考使用，也可供对高铁建设感兴趣的读者阅读。

图书在版编目（CIP）数据

京张高铁站场设计与技术 / 奚文媛等著. —北京：人民交通出版社股份有限公司，2021.8
ISBN 978-7-114-17284-7

Ⅰ.①京… Ⅱ.①奚… Ⅲ.①高速铁路－铁路车站－设计－华北地区 Ⅳ.① U291.1

中国版本图书馆 CIP 数据核字 (2021) 第 081036 号

审图号：GS（2021）5373 号

Jing-Zhang Gaotie Zhanchang Sheji yu Jishu

书　　名：	京张高铁站场设计与技术
著 作 者：	奚文媛　李智伟　赵　鹏　张小虎　郑　玢　等
责任编辑：	吴燕伶
责任校对：	孙国靖　魏佳宁
责任印制：	张　凯
出版发行：	人民交通出版社股份有限公司
地　　址：	（100011）北京市朝阳区安定门外外馆斜街3号
网　　址：	http://www.ccpcl.com.cn
销售电话：	（010）59757973
总 经 销：	人民交通出版社股份有限公司发行部
经　　销：	各地新华书店
印　　刷：	北京印匠彩色印刷有限公司
开　　本：	787×1092　1/16
印　　张：	10
字　　数：	216千
版　　次：	2021年8月　第1版
印　　次：	2021年8月　第1次印刷
书　　号：	ISBN 978-7-114-17284-7
定　　价：	108.00元

（有印刷、装订质量问题的图书由本公司负责调换）

本书编审委员会

主任委员： 奚文媛　李智伟

副主任委员： 赵　鹏　张小虎　郑　玢

编　　委：（排名不分先后，按姓氏笔画排序）

　　丁大朋　王国君　王　烁　王　勇　王　通
　　邓运成　尤志鹏　叶　勇　刘世峰　刘志军
　　刘　俊　刘树红　刘曾旭　闫　红　孙文广
　　孙军先　孙铁生　李伟丰　李宇辰　李　岩
　　李凯胜　李　想　杨　欢　杨静成　吴仲文
　　吴伟锋　吴青松　吴　琪　邹豪波　闵　俊
　　张乃明　张　宁　张立松　张　熙　林国成
　　林晶晶　岳　岭　岳春明　周晓林　郑　午
　　赵健壹　赵　琳　郝　圳　校立帆　贾琼林
　　夏瑞伶　唐　奇　彭新艳　董叶超　蒋杰菲
　　程　婕　傅　杰　雷红佳　魏　召

主　　审： 蒋伟平

审稿专家： 乔俊飞　曹永刚　李汶京　赵巧兰

前言

  百年前，詹天佑先生主持修建的北京至张家口铁路（老京张铁路），是中国人自行设计和施工的第一条铁路，打破了"中国人不能自行修建铁路"的断言。老京张铁路为京绥铁路建设奠定了基础。百年后，与老京张铁路在同一个起点、同一个终点、同一条路径相伴而行的京张高铁，作为中国高速铁路2.0版，以350km/h的速度驰骋在北京与张家口之间，开启了中国高铁建设的智能化时代。京张高铁完善了《中长期铁路网规划》，带动了京张沿线各地经济和旅游发展，实现了2022年北京冬奥会主办城市之间快速通达，为京津冀协同发展注入了新动力。

  百年前，老京张铁路的修建，促进了张家口市商业、工业及贸易发展，使其成为西北地区商贾云集的商埠重镇。百年后，京张高铁上张家口南站（改名：张家口站）的建设，打造成张家口市综合交通枢纽，引领城市向南部的高铁新城和洋河新区发展。

  百年前，詹天佑先生通过牵引机车在青龙桥车站调头，首创"人"字形铁路设计，有效、经济地解决了老京张铁路翻越天堑——八达岭的工程问题。百年后，京张高铁建设中，在八达岭长城百米之下布设车站，方便了游客出行，极大地缓解了京藏高速公路交通压力。

  京张高铁设计中，不仅借鉴和应用中国高速铁路的先进技术，还结合项目的特点，首次提出"多点乘降融入铁路枢纽、车站融入城市规划、铁路融入城市交通、通道融入文化绿廊、市郊融入高速铁路"的设计理念；首次提出高铁车站与地铁站同层并场设置，使得清河站成为国内首例三条地铁与国铁顺向布置的综合交通枢纽；首次提出高速铁路车站选址直通奥运赛场核心区的理念，使得太子城站成为世界上首个进入奥运赛场的高铁站；首次将换乘距离及服务半径的理念引入风景名胜区站址选择中，实现八达岭长城站布置在核心景区内，极大地缩短了接驳距离。

  全书共分为7章，主要内容如下：

  第1章，绪论。本章介绍了京张高铁建设的背景和意义，老京张铁路、京张高铁站场概况以及京张高铁站场的设计手段。

第 2 章，合理衔接，引入北京铁路枢纽。本章分析了京张高铁引入北京枢纽时的客运需求以及所面临的问题，根据北京城市规划等多方面的影响因素确定了京张高铁引入北京枢纽的设计思路。通过借鉴国内外高速铁路引入枢纽的经验，着重介绍了京张高铁引入北京枢纽"车站融入城市规划、铁路融入城市交通、通道融入文化绿廊、市郊融入高速铁路"的设计理念。根据游览八达岭游客出行特点，以八达岭索道售票处和主登城口为中心，在八达岭长城站选址中，引入合理换乘距离和服务半径的理念。

第 3 章，站城融合，引入张家口地区。本章介绍了京张高铁引入张家口地区的设计成果，以需求为导向对张家口地区发展存在的问题进行了分析，京张高铁在引入地区时充分体现了"适应规划、引领发展；客站布局、集中高效；客内货外、绿色发展；智能便捷、畅通融合"的设计理念。

第 4 章，服务冬奥，崇礼铁路及延庆支线。本章介绍了京张高铁服务于北京冬奥会，确定崇礼铁路及延庆支线的功能定位，并进行相应的选线布站设计。太子城车站选址直通奥运赛场核心区，使得太子城站成为世界上首个进入奥运赛场的高铁站。

第 5 章，百年京张站场的演变。本章主要介绍了站场设计如何贯彻中国国家铁路集团有限公司提出的"畅通融合、绿色温馨、经济艺术、智能便捷"的铁路客站建设理念，对清河站、张家口站、八达岭长城、太子城站及北京北站五大重点车站的站场设计进行了介绍。

第 6 章，站场设计特色。本章针对冬奥会站场设备及预留高铁快运条件进行了分析。针对北京北站和清河站周边发展空间受限，运用仿真计算方法检算两个车站到发线及咽喉能力，优化平面布置，实现车场规模最大化。八达岭长城站设计中运用动态模拟方法计算站台宽度，在满足旅客进出站舒适性的前提下，尽可能减少地下工程，同时对设计中采用的固化道床及道岔状态监测设备等先进技术进行了阐述。

第 7 章，结束语。京张高铁是中国高铁 2.0 版，是中国智能高铁 1.0 版，本章总结了本书编写的意义及对今后高速铁路站场设计工作的展望。

本书在编写过程中得到了西南交通大学等高校专家的大力帮助，在资料收集过程中得到了京张城际铁路有限公司、中国铁路北京局集团有限公司站房工程项目管理部、北京市基础设施投资有限公司、中铁六局集团有限公司、中铁四局集团有限公司、中铁三局集团有限公司以及中铁十八局集团有限公司等单位的支持，也得到了许多基层技术人员的支持与帮助。在此向所有编审人员和支持单位表示衷心感谢和崇高敬意。

由于作者水平和能力有限，书中难免有不足之处，恳请各位专家和读者批评指正。

作　者

2021 年 4 月

目录

第1章 绪论 1

    1.1 建设背景 2
    1.2 历史意义 2
    1.3 设计手段 8

第2章 合理衔接，引入北京铁路枢纽 11

    2.1 现状需求与问题分析 12
    2.2 影响因素与设计思路 17
    2.3 经验借鉴与设计启示 19
    2.4 设计方案与综合效果 29

第3章 站城融合，引入张家口地区 49

    3.1 现状需求与问题分析 50
    3.2 影响因素与设计思路 53
    3.3 经验借鉴与设计启示 55
    3.4 设计方案与综合效果 59

第4章 服务冬奥，崇礼铁路及延庆支线 71

    4.1 现状需求与远期预测 72
    4.2 影响因素与设计思路 80
    4.3 经验借鉴与设计启示 84

4.4　设计方案与综合效果 ·· 87

第 5 章　百年京张站场的演变 ·· 99

5.1　清河站，融合城市规划 ·· 100

5.2　张家口站，促进城市发展 ·· 105

5.3　八达岭站，融入 5A 景区 ··· 107

5.4　太子城站，体现冬奥会精神 ·· 110

5.5　北京北站，利用既有设备 ·· 114

第 6 章　站场设计特色 ·· 119

6.1　前瞻设计，助力加速双循环格局 ······································ 120

6.2　先进技术，推动建设精品化京张 ······································ 122

第 7 章　结束语 ··· 141

参考文献 ·· 143

CONTENTS

Chapter 1　Introduction ·· 1

    1.1　Construction Background ································ 2
    1.2　Historical Meaning ·· 2
    1.3　Design Method ··· 8

Chapter 2　Reasonable Connection to the Beijing Railway Terminal ··· 11

    2.1　Analysis of Current Needs and Problems ············ 12
    2.2　Influencing Factors and Design Ideas ················· 17
    2.3　Experience Reference and Design Inspiration ······ 19
    2.4　Design Scheme and Comprehensive Effect ········· 29

Chapter 3　Integration of Stations and Cities, Introducing Zhangjiakou Area ·· 49

    3.1　Analysis of Current Needs and Problems ············ 50
    3.2　Influencing Factors and Design Ideas ················· 53
    3.3　Experience Reference and Design Inspiration ······ 55
    3.4　Design Scheme and Comprehensive Effect ········· 59

Chapter 4   Serving the Olympic Winter Games，Chongli Railway and Yanqing Branch Line ·· 71

4.1   Analysis of Current Needs and Problems ·································· 72
4.2   Influencing Factors and Design Ideas ····································· 80
4.3   Experience Reference and Design Inspiration ···························· 84
4.4   Design Scheme and Comprehensive Effect ································ 87

Chapter 5   Evolution of Beijing-Zhangjiakou Railway Station and Terminal in the Past Century ·································· 99

5.1   Qinghe Railway Station, Integrating Urban Planning ···················· 100
5.2   Zhangjiakou Railway Station, Promote Urban Development ············ 105
5.3   Badalingchangcheng Railway Station, Integrated into 5A Scenic Spot ··· 107
5.4   Taizicheng Railway Station , Embodies the Spirit of Winter Olympics ·· 110
5.5   Beijing North Railway Station, Using Existing Equipment ············ 114

Chapter 6   Station and Terminal Design Features ····················· 119

6.1   Forward Looking Design to Help Speed up the Dual Cycle Pattern ······· 120
6.2   Advanced Technology to Promote the Construction of High-quality Beijing-Zhangjiakou High-speed Railway ································ 122

Chapter 7   Conclusions ·· 141

Reference ·· 143

京张高铁

设计与技术创新丛书

SERIES OF INNOVATIVE DESIGN AND TECHNOLOGY
OF BEIJING-ZHANGJIAKOU HIGH-SPEED RAILWAY

CHAPTER 1

>>> 第1章

绪论
INTRODUCTION

在老京张铁路开通运营 110 周年之际，与其走行于同一通道的京张高铁正式通车。这是首条采用北斗卫星导航系统，世界首次实现时速 350km 自动驾驶，实现列车从车站自动发车、在站间自动运行、运行时间按计划自动调整等功能的高速铁路，引领了世界铁路建设之新潮流，打开了世界智能铁路之先河，受到全球关注。京张高铁于 2016 年 4 月 29 日开工建设，2019 年 12 月 30 日开通运营。如同老京张铁路一样，京张高铁的建设同样具有重要的历史意义和价值。本章介绍了京张高铁的建设背景，阐述了两条铁路的建设意义，分析了京张高铁站场设计手段。

1.1 建设背景

京张高铁位于我国华北地区，途经北京、张家口两市，连接 2022 年北京冬季奥林匹克运动会（简称"冬奥会"）三个场馆。其作为京兰高速铁路通道的东段，是一条兼具通道、城际、市郊功能的高速铁路，也是 2022 年北京冬奥会的交通保障设施。铁路站场是服务旅客需求的基本单位和主要载体，对于实现铁路功能和承担旅客运输起着至关重要的作用。京张高铁在引入枢纽、服务景区、引导城市、满足奥运等诸多方面，需要站场专业在设计中，根据环境条件进行设计创新。

在引入北京铁路枢纽研究中，为满足通道、城际、市郊多种客流在枢纽客站乘降，解决北京北站客流疏解难、铁路自身发展受限、与城市发展融合等系列难题，需要在客站布局分工、城区通道布设、综合交通衔接等方面设计创新。为兼顾八达岭长城景区客流，协调好旅游客流出行和景区文物保护，需要对景区车站选址方案充分比选。在引入张家口铁路地区研究中，为促进张家口城区向南发展，需要处理好车站选址与城市发展的协同。在冬奥会场馆区站场设计中，不仅要满足观赛时间要求和场馆集散的需求，还要注重绿色环保、投资经济和铁路建设的可持续发展。此外，为解决北京市区客运站规模、八达岭长城站站台宽度等设计难题，将仿真计算、动态模拟等新技术、新方法引入设计中。为了促进环境保护、安全设备的技术进步，设计中应用了固化道床、道岔检测设备等新材料、新设备。

鉴于此，做好京张高铁站场设计，对于满足京张高铁总体设计要求，有效破解围绕多功能、大客流、多约束的站场设计难题，为高速铁路引入大型铁路枢纽客站研究积累经验，具有重要现实意义。

1.2 历史意义

1.2.1 百年京张，展现民族复兴旧征程

1）老京张铁路概况

老京张铁路由詹天佑先生主持修建，全长 201.2km，连接北京丰台区，经八达岭、居庸

关、沙城、宣化等地至河北张家口，1905年9月开工修建，1909年10月2日正式通车，建设期比预定计划提前了两年，节省白银20多万两。

老京张铁路经过多处险峻地势路段，工程复杂。"中隔高山峻岭，石工最多；又有7000余尺桥梁，路险工艰为他处所未有"，特别是"居庸关、八达岭，层峦叠嶂，石峭弯多，遍考各省已修之路，以此为最难，即泰西诸书，亦视此等工程至为艰巨""由南口至八达岭，高低相距一百八十丈，每四十尺即须垫高一尺"，最难点的南口关沟地区"两山夹峙，下有巨涧，悬崖峭壁，称为绝险"，这些都给工程勘测、选线、施工等带来极大挑战。詹天佑带领勘测与施工团队，克服种种困难，创造性地解决了许多技术问题，保障了工程的顺利进行。老京张铁路线路走向示意图如图1-1所示。

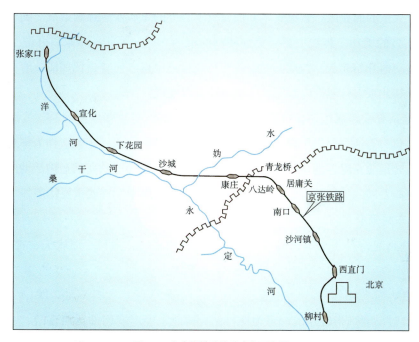

图1-1　老京张铁路线路走向示意图

2）老京张铁路修建的历史意义

（1）老京张铁路在中国铁路建设史上具有特殊地位

老京张铁路是中国铁路建设史上的里程碑，在中国铁路史上具有划时代的意义。首先，老京张铁路沿线地形复杂，尤其是越过八达岭一带的施工，建设难度大。詹天佑带领的工程队伍凭借着精妙的设计、丰富的经验，在借鉴国外经验的基础上大胆创新，保质保量地完成了整个工程，提升了老京张铁路的工程价值。其次，老京张铁路建设期仅4年，比预定建设期节省了2年时间，总费用只有外国承包商预算的五分之一，是中国工程技术界的光荣。第三，老京张铁路建设中，詹天佑带领的建设团队结合铁路沿线工程特点，成功地消化吸收了西方铁路筑路技术，并完全自筹建设经费，是中国自行出资、设计、建造的首条铁路，是中国独立发展铁路事业的重要标志。

（2）老京张铁路具有重要的政治价值

老京张铁路的修建具有重要的军事价值。"察哈尔居西北要冲，张家口当内外孔道，为畿辅之项背，库恰之后援。自来有事于西北者，莫不于张家口屯驻重兵以资拱卫"。清政府为了解决西北边疆危机问题，经过慎重决策后决定修建老京张铁路，其军事价值不言而喻。

（3）老京张铁路促进了沿线地区经济发展

张家口是北京通往内蒙古的要冲，南北旅商来往之孔道，是中、俄、蒙物资贸易的重要通道和集散地，是居天津之后的中国北方第二大商埠。老京张铁路及其支线通车运营后，大大便利了沿线客货运输，促进了沿线地区经济发展。

沿线贸易发展的同时，张家口城市建设也在如火如荼地进行。老京张铁路通车运营后，张家口兴建了大量的商业区，官僚资本和民营资本兴办的工矿业也逐渐形成。随着商业、工业的发展以及人口的增加，客观上需要更加便利的市内交通。为此，张家口开辟了公共交通事业，城市公共交通开始起步。与此同时，各项市政设施也得以完善，比如清政府在修建铁路的同时，也开始从北京丰台架设电报线，邮政事业得以发展。

此外，老京张铁路通车还促进了区域经济协同发展。老京张铁路及其支线连接北京、张家口、绥远、包头等地，促进了西北地区与沿海内地的经贸往来，张家口作为华北重要的贸易转运中心，在转运北京附近的煤矿、天津口岸的货物与包头等地的商品运输活动中扮演着重要角色，是区域间发展的关键节点，在京津冀地区的历史发展中发挥着重要作用。

3）主要车站概况

老京张铁路起始自北京丰台柳村，经广安门、西直门、南口、居庸关、青龙桥、沙城、鸡鸣驿、宣化至终点张家口，设计之初共有31个车站。

（1）起点站

早年建设时，老京张铁路的起点为柳村站，再北上经广安门站至西直门。中华人民共和国成立后，拆除了自北京原宣武区手帕口至西直门火车站的一段铁路，并将西直门站（北京北站）作为老京张铁路的起点站。

（2）南口站

由于南口站以北的关沟路段坡度极大，导致一般机车无法满足牵引力需求，老京张铁路设置了南口机务段，以解决来往列车的牵引作业问题。

（3）青龙桥站

老京张铁路南口至八达岭路段地势险峻，坡度很大，超出了限制坡度标准，詹天佑将青龙桥站设计成了"人"字形（图1-2），加长坡长、减缓坡度，使火车在此处折返，有效且巧妙地解决了火车爬陡坡的难题。"人"字形线路设计也因此成为当时铁路建设的典范。

（4）终点站

老张家口站位于河北省张家口市桥东区，于1909年与老京张铁路同期建成，是老京张铁路的终点，后随着京包铁路的建成，设立了张家口南站（京张高铁中，将该站站名改为张家口站），老张家口站便成为京包铁路张家口联络线上的火车站。该站设有一个侧式站台（1号站台）和一个岛式站台（2号站台），站房上"张家口车站"五字为詹天佑书写。老京张铁路张家口站站房照片如图1-3所示。该站于2014年7月1日停止办理客运业务，于2019年2月28日正式停业。

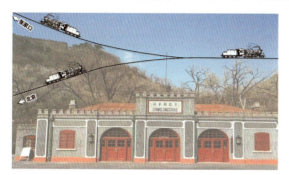

图1-2 青龙桥车站"人"字形铁路示意图

图1-3 老京张铁路张家口站

（资料来源：http://www.zjknews.com/）

1.2.2 京张高铁，开启智能铁路新时代

1）京张高铁概况

（1）线路走向

京张高铁位于北京市西北、河北省北部。东起北京市，途经北京市海淀区、昌平区和延庆区，由延庆区康庄镇入河北省境内，跨官厅水库，经怀来县、下花园区、宣化区，西迄张家口市，呈东西向沟通两市。除了以隧道穿越八达岭之外，京张高铁与老京张铁路不仅位于同一区域，而且基本走行于同一通道。

崇礼铁路位于河北省张家口市辖区，南起京张高铁上的花园北站，途经下花园区、宣化区、赤城县，北迄崇礼区太子城奥运村，大致呈南北走向，北端预留向崇礼站延伸的条件。京张高铁线路走向示意图如图1-4所示。

（2）铁路主要技术标准

①京张高铁主要技术标准。

铁路等级：高速铁路。

正线数目：双线。

设计行车速度：八达岭西线路所—下花园北段为350km/h，下花园北—张家口段为250km/h，北京枢纽根据速度-距离曲线和拆迁情况分段确定。

正线线间距：350km/h区段为5.0m，250km/h区段为4.6m，枢纽地区结合行车速度选用。

最小曲线半径：350km/h区段，一般地段为7000m，困难地段为5500m；250km/h区段，一般地段为3500m，困难地段为3000m；枢纽地区结合行车速度选用。

最大坡度：一般地段为20‰，困难地段为30‰。

牵引种类：电力。

机车类型：动车组。

到发线有效长度：650m。

列车运行控制方式：自动控制。

调度指挥方式：综合调度集中。

图 1-4 京张高铁线路走向示意图

②崇礼铁路主要技术标准。

铁路等级：高速铁路。

速度目标值：250km/h。

正线数目：双线。

正线线间距：4.6m。

最小曲线半径：一般地段为 3500m；困难地段为 3000m；下花园北出站端结合行车速度，最小半径采用 2000m。

最大坡度：30‰。

轨道类型：有砟轨道（隧道内及桥隧集中地段铺设无砟轨道）。

到发线有效长度：650m。

列车运行控制方式：自动控制 CTCS-3。

调度指挥方式：调度集中。

2）京张高铁建设的意义

京张高铁位于我国华北地区，沿途经过北京、张家口两市。北京市是祖国的首都，是我国政治、文化、国际交往和科技创新中心；张家口市地处河北省西北部，居京、晋、蒙交界处，是冀西北地区的中心城市，也是连接京津、沟通晋蒙的交通枢纽。北京作为世界著名文明古城，旅游资源丰富，高新技术和服务业十分发达；张家口历史文化悠久，旅游资源具有特色，工农业门类齐全，农业发展基础较好。该项目连接首都北京和战略要塞张家口，交通区位条件突出；作为京包兰铁路通道东段，沟通北京与内蒙古呼包鄂、晋北及西北大部地区，在国家铁路网中地位显著；连接北京、张家口两地，是京津冀城际网的重要组成部分，同时北京段兼顾市郊旅游客运功能。为此，京张高铁既承担蒙西、晋北与京津冀、东北、华东等地的中长途客流，也承担京津冀城际和蒙西、晋北进京客流，还承担首都经济圈部分市郊客流。预测该项目客流最大断面（昌平—八达岭长城段）近、远期客流密度分别为 2220 万人次 / 年、3300 万人次 / 年，其中中长途客流所占份额约 60%，城际铁路、市郊铁路客流各占 20% 左右。

京张高铁是国家铁路网主骨架京包兰通道和"八纵八横"高速铁路主通道之京兰通道的重要组成部分，对于完善我国高速铁路网，形成西北至京津冀地区的便捷通道有着重要意义；是京津冀城际铁路网的重要组成部分，是打造"轨道上的京津冀"，促进京津冀协同发展的基础设施，对京津冀地区的协同发展，特别是沿线的旅游开发、城镇化建设、经济的可持续发展等，都有重大的现实意义；是国家举办 2022 年冬奥会的重要配套基础设施，为满足赛事场馆间快速通达的目标提供交通保障。京张高铁功能定位解析图如图 1-5 所示。

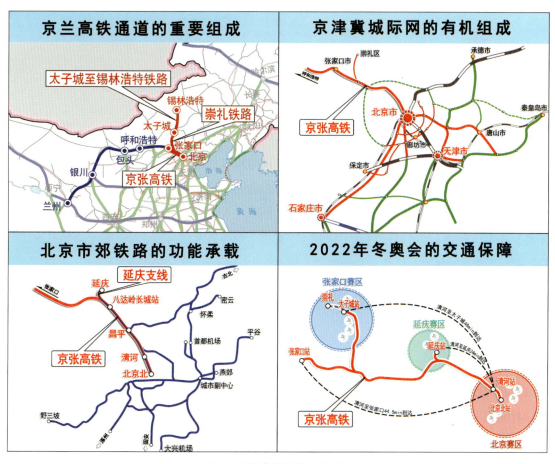

图 1-5　京张高铁功能定位解析图

1.2.3 京张高铁站场概况

京张高铁共设 10 座车站，分别为北京北、清河、沙河、昌平、八达岭长城站（地下站）、东花园北、怀来、下花园北、宣化北、张家口；延庆支线设 1 座车站，为延庆站；崇礼支线设 1 座车站，为太子城站。其中，八达岭长城站（地下站）、东花园北、怀来、下花园北、宣化北、太子城为新建车站，其余均为改建车站，改建车站比例达到 45%。京张高铁动车所设于老京张铁路与东北环线合围的三角地内。京张高铁车站分布示意图如图 1-6 所示。

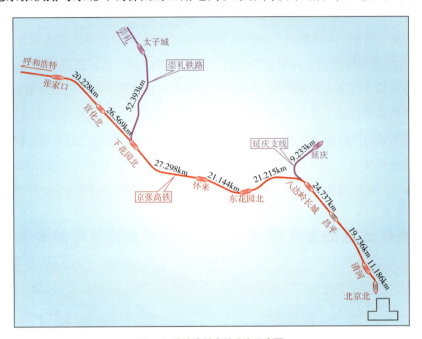

图 1-6　京张高铁车站分布示意图

由于京张高铁进入北京铁路枢纽及张家口铁路地区均接入既有车站，为满足施工要求，北京铁路枢纽沙河站以南中断铁路运营，断道施工；普速客车移至京通铁路上的昌平北站作业，市郊铁路 S2 线上的市郊客车移至东北环线上的黄土店站作业；张家口铁路地区，普速客车移至张家口南站（原沙岭子西站）作业。上述施工将引起改建昌平北站、黄土店站及张家口站，并建设张家口铁路地区其他相关的货车联络线。

1.3　设计手段

作为 2022 年冬奥会的交通保障线，京张高铁在设计中采用了当前我国高铁最高的技术标准及最新的理念。站场设计中，除了需要考虑常规铁路建设项目的影响因素外，更是将城市规划、环境保护、冬奥会运营组织等多种影响因素纳入了设计之中。设计单位进行车站站址选择时，充分贯彻绿色、环保、文保及规划发展的理念，积极采用新技术、新材料及新设备，全力打造"精品工程、智能京张"。

在研究京张高铁引入北京铁路枢纽方案时，设计单位分析了北京铁路枢纽的现状，充分结合城市规划、区位特点、文物保护等因素，设计中充分体现"车站融入城市规划、铁路融入城市交通、通道融入文化绿廊、市郊融入高速铁路"的设计理念，借鉴国内外高铁引入大型枢纽的经验，采取多点乘降，缓解交通拥堵问题；设置联络线，实现与相关高铁的互联互通；于北京五环以内，采取地下敷设线路方案，缝合了城市空间；站房改造时充分保留老京张铁路的重要文物，体现了文化传承。

在研究京张高铁引入张家口铁路地区方案时，设计单位分析了张家口城市建成区及城市人口主要分布在既有铁路北侧、受当地铁路发展滞后影响、城市向南发展的规划推进不利等因素，提出了"适应规划，引领发展；客站布局，集中高效；绿色发展，客内货外；畅通融合，智能便捷"的设计理念，立足中心区域实现一站格局，在张家口站设置南站房，打造综合枢纽，以适应城市、规划与发展；为了确保京张高铁工程安全、高效实施，采用了异站过渡、完善张家口铁路地区联络线的设计方案。

崇礼铁路及延庆支线的选线布站，以服务冬奥会为前提，综合城市规划、赛场分布、客流特征等因素，将铁路规划与冬奥会规划相结合，遵循运营时分快捷、工程投资经济、规划衔接顺畅、交通接驳便利的设计理念，对崇礼铁路接轨站方案、冬奥会站址选择方案、太子城站敷设方案以及延庆支线线路走向方案、车站升级改造方案等进行了充分的论证分析，最终得出布站方案。

京张高铁站场设计大量运用了前瞻性的站场设计新技术、新方法和新设备，对今后高速铁路的站场设计具有极强的借鉴意义。

CHAPTER 2
第 2 章

合理衔接，引入北京铁路枢纽
REASONABLE CONNECTION TO THE BEIJING RAILWAY TERMINAL

京张高铁站场设计与技术

　　高速铁路引入枢纽方案是一个多目标、多影响因素的复杂性问题，涉及枢纽城市规划的调整、既有线位的调整与优化、线路技术标准的选择、枢纽客站的布局与分工、枢纽内生产力布局调整及工程投资等众多方面。本章分析了北京铁路枢纽在京张高铁引入之前的现状与问题，梳理了北京城市规划、北京北站区位、文物保护要求、环境保护要求等对京张高铁引入方案的影响，在借鉴国内外主要高铁引入铁路枢纽经验的基础上，提出了京张高铁引入北京铁路枢纽方案，展示了设计方案的亮点。

2.1 现状需求与问题分析

（以下讨论的北京铁路枢纽现状与问题，均为未引入京张高铁前状态。）

◎ 2.1.1 北京铁路枢纽现状

1）北京铁路枢纽概况

　　北京铁路枢纽既有京沪铁路、京九铁路、京广铁路、京原铁路、丰沙铁路、老京张铁路、京通铁路、京承铁路、京秦铁路、大秦铁路10条铁路干线及京沪高速铁路和京津城际铁路，是我国铁路网中最大的铁路枢纽之一。枢纽内各干线间通过东南环、东北环、西北环等环线相互连接，形成大型的辐射式环形铁路枢纽。枢纽内既有车站99座，其中北京、北京西、北京南、北京北为枢纽内办理旅客列车始发终到作业的主要客运站，丰台西为路网性编组站，丰台、双桥、三家店为技术作业站，石景山南为工业站；另在黄村、丰台、大红门等站设有货场，其余均为中间站。北京北站办理京通铁路及市郊铁路S2线的始发终到车作业，为尽端式车站，车站规模6台12线（其中1条为存车线）；未配属客车技术作业点，普速客车始发终到的整备作业在到发线上进行。北京铁路枢纽总布置示意图如图2-1所示。

2）北京铁路枢纽客流分析

　　北京铁路枢纽客流以始发终到客流为主、通过客流为辅，通过客流仅占枢纽总客流比例的5%。从始发终到客流细分看，中长途客流比重高于城际客流。

　　以2014年为例，当年北京铁路枢纽共开行旅客列车438对/d，其中始发车420对/d，主要发往上海、广州和沈阳等方向，具体见表2-1。通过车18对/d，主要为几大干线之间跨线运行的普速客车，具体情况见表2-2。

2014年北京枢纽始发终到客车表（单位：对/d）　　　　表2-1

车站	京沪高铁	京广高铁	京津城际	京广	京哈	京沪	京九	京原	丰沙大	京包	京通	京承	合计
北京站				4	41	25	6	2	8		1	4	91
北京西站		74		48			15	1	4				142

续上表

车站	京沪高铁	京广高铁	京津城际	京广	京哈	京沪	京九	京原	丰沙大	京包	京通	京承	合计
北京南站	74		89										163
北京北站										17	5	1	23
其他												1	1
小计	74	74	89	52	41	25	21	3	12	17	6	6	420

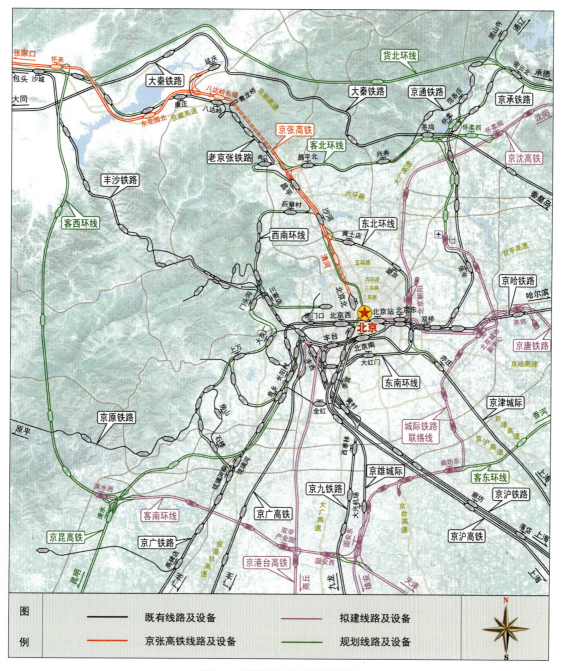

图 2-1 北京铁路枢纽总布置示意图

2014 年北京枢纽通过客车表（单位：对/d） 表 2-2

通过方向	对数	通过方向	对数
京承—京广	1	京包—京通	2
京承—京沪	1	丰沙大—京沪	2
京哈—京广	4	丰沙大—京广	2
京哈—丰沙大	2	京广—京沪	2
京哈—京原	1		
京哈—京沪	1	合计	18

从铁路客运量流向看，2014 年北京铁路枢纽旅客发送量 12356 万人次，其中城际客流 4323 万人次，约占 35%；中长途客流 8033 万人次，约占 65%。中长途客流中，京沪沿线客流比例最大，约占 17.6%，其次是东北地区占比 12.6%，京广沿线约占 11.7%，西南、西北地区现状中长途客流比例较小，蒙西仅占比 2.2%。详见表 2-3。

2014 年北京枢纽铁路客运量流向统计表（单位：万人次） 表 2-3

类别	北京	京津冀	东北	蒙东	蒙西	山西	京沪沿线	京九沿线	京广沿线	西南地区	西北地区	中长途小计	合计
发送	268	4055	1556	214	267	651	2176	814	1449	395	512	8033	12356
到达	268	3860	1557	220	269	664	2108	802	1433	397	510	7960	12087

3) 北京铁路枢纽客站布局及能力分析

北京铁路枢纽内的客运站包括 4 个主要客站、2 个辅助客站，4 个主要客站为北京站、北京西站、北京南站、北京北站；2 个辅助客站为北京通州站、丰台站。4 个主要客运站的分工情况如表 2-4 所示。

既有枢纽内主要客运站分工 表 2-4

车站	规模	功能定位	轨道交通衔接
北京站	8 台 14 线	主要承担国际列车的始发终到、京哈铁路、京沪铁路客车的始发终到及京广铁路对开客车的始发终到	地铁 2 号线
北京西站	10 台 18 线	主要担当京广高铁、京广铁路、京九铁路客车的始发终到，并担当部分京哈铁路对开客车的始发终到	地铁 7、9 号线
北京南站	13 台 24 线	主要承担京沪高铁、京津城际、市郊客车的始发终到	地铁 4、14 号线
北京北站	6 台 11 线	主要承担老京张铁路、京通铁路客车的始发终到，并作为北京城市综合交通枢纽的组成部分，担当延庆方向旅游及市郊列车的始发终到	地铁 2、4、13 号线

其中北京西站铁路客运量最大，其次是北京南站、北京站，北京铁路枢纽主要客运站历年旅客发送量见表 2-5。

北京铁路枢纽主要客运站历年旅客发送量表（单位：万人次）　　　表 2-5

车站	2006 年	2007 年	2008 年	2009 年	2010 年	2011 年	2012 年	2013 年	2014 年
北京站	2709	2998	3066	2785	2774	2749	2811	3324	3469
北京西站	3150	3632	3865	4090	4403	4682	4454	4623	5081
北京南站	113		410	966	1408	1909	2647	3070	3474
北京北站	109	117	154	183	190	248	287	338	332
丰台	43	32	31	30	14				
合计	6124	6779	7526	8054	8789	9588	10199	11355	12356

2.1.2 北京铁路枢纽客站布局的存在问题

①既有枢纽客站"南重北轻"。

根据北京市 2010 年第六次全国人口普查数据，北京市常住人口为 1961.2 万人。各区人口分布情况见表 2-6。

北京市 2010 年第六次全国人口普查分布表　　　表 2-6

地　　区	常住人口数量
东城区	91.9 万人（其中，原东城区 57.3 万人，原崇文区 34.6 万人）
西城区	124.3 万人（其中，原西城区 67.4 万人，原宣武区 56.9 万人）
朝阳区	354.5 万人
丰台区	211.2 万人
石景山区	61.6 万人
海淀区	328.1 万人
门头沟区	29.0 万人
房山区	94.5 万人
通州区	118.4 万人
顺义区	87.7 万人
昌平区	166.1 万人
大兴区	136.5 万人
怀柔区	37.3 万人
平谷区	41.6 万人
原密云县	46.8 万人
原延庆县	31.7 万人
合计	1961.2 万人

分功能区看，城市功能拓展区（朝阳区、丰台区、石景山区、海淀区）常住人口最多，

占 48.7%；其次是城市发展新区（房山区、通州区、顺义区、昌平区、大兴区），占 30.8%；首都功能核心区（东城区、西城区）、生态涵养发展区（门头沟区、平谷区、怀柔区、原密云县、原延庆县）常住人口较少，所占比重分别为 11% 和 9.5%。

分区县看，朝阳区常住人口最多，为 354.5 万人，其次是海淀区和丰台区，分别为 328.1 万人和 211.2 万人，这三个区集中了全市 45.6% 的常住人口。此外，昌平区、大兴区、西城区和通州区的常住人口总量也都突破百万。

分象限看，北城人口高于南城人口，2010 年北京城六区（原城八区）常住人口为 1110 万人，以北城人口为主，北城人口（海淀区、朝阳区北部、原东城区、原西城区）713.85 万人，占比 64.3%，其中西北方向常住人口为 395.5 万人，占比 35.6%。详见表 2-7。

2010 年北京城六区（原城八区）常住人口分布情况　　　表 2-7

方　向	地　区	常住人口（万人）		比　例
东北方向	朝阳区北部	261.05	318.35	28.7%
	原东城区	57.3		
西北方向	原西城区	67.4	395.5	35.6%
	海淀区	328.1		
西南方向	原崇文区	34.6	245.8	22.1%
	丰台区	211.2		
东南方向	原宣武区	56.9	150.35	13.5%
	朝阳区南部	93.45		
合计			1110	100%

北京铁路枢纽客站布局与首都北京面向全国的经济腹地格局是一致的，但与北京市区人口分布情况不相适应。北京市北城人口较多，北城应布局铁路客运站，但是目前北京大部分铁路客运站分布在北京市南城，"南重北轻"特征明显。以长安街划分，除北京北站外，北京南站、北京站、北京西站三个客站均分布于长安街以南，给公共交通造成了压力。从方便城市北部居民出行、均衡车站布局角度出发，结合城市规划，应适时在城市北部地区新建客站。

②北京北站为尽头式车站，无法与其他客站连通，从直通客车开行、方便旅客换乘角度出发，在京张高铁规划建设中，应考虑将北京北站（京张高铁）与城市南部几个客站连通。

③北京站、北京西站、北京南站均位于北京市区内，北京铁路枢纽总图规划及北京市规划中未对其进行扩建规划。按照北京铁路枢纽总图规划，三个客站分别承担既有铁路上的普速客车和建成的高铁上的动车作业，按照北京铁路枢纽总图规划预测的客运量，三个主要客运站能力已趋于饱和，无法满足研究年度规划铁路建设的需要，枢纽内需研究增建新客站。

2.2 影响因素与设计思路

2.2.1 影响因素

1）北京城市规划对京张高铁引入枢纽提出要求

（1）要求京张高铁利用既有通道引入北京北站

《北京市城市总体规划纲要》(2004—2020)提出："高速铁路枢纽的布局既要考虑北京城市内部交通分布均衡，也要考虑到高速铁路枢纽对区域的服务。""充分发挥北京北站的作用，在各个站点均开行不同方向的列车，减少铁路客流在市区的穿行距离。""规划建设以首都为中心、京津为主轴、京石京秦为两翼的快速铁路运输系统。该系统由7条线路组成，线网长度1284km。系统服务特征为：覆盖京津冀地区的主要城市，以2h通达为目标。与北京铁路枢纽有关的5条规划快速铁路线路为：……京张快速铁路，北京至张家口，线路长度140km。"北京铁路枢纽总图中规划京张高铁利用老京张廊道引入北京北站。

（2）京张高铁服务八达岭长城景区的要求

八达岭长城作为闻名中外的著名景区和文化遗产，每年有大批游客到此旅游。随着景区游客数量的逐年攀升，京藏高速公路作为连接八达岭长城景区与北京中心城区的唯一的高速公路，常年拥堵不堪，也给景区环境保护造成压力。另一方面，依托百年老线——老京张铁路开行的北京市郊铁路S2线内燃动车组，受线路技术条件差、客车发车频率低、客流接驳设施不足等因素影响，未能有效发挥铁路大能力、大运量的作用，交通问题已成为制约风景名胜区环境保护和旅游资源开发协调可持续发展的一个难题。基于此，北京市为缓解高速公路拥堵问题，要求京张高铁在八达岭长城景区设站。

2）北京北站区位影响京张高铁引入方案选择

（1）北京北站改扩建条件受控

既有北京北站为6台11线尽端式车站，车站未配属动车及普速客机检修设施。根据初步分析，远期北京北站承担158对列车始发终到作业，车站到发规模不能满足运输需求。此外，北京铁路枢纽总图规划中，为满足京张高铁与京广高铁、京沪高铁开行跨线列车的需求，规划修建地下直径线将北京北站与其他线路连通。由于北京北站东、西两侧分别被地铁13号线、二环路及西直门北大街包围，南侧为西直门交通枢纽、地铁4号线及西直门外大街，车站无扩建及南延条件。而北京枢纽内其他主要客站能力已经饱和，不具备分担京张高铁到发作业的条件。

（2）西直门综合交通枢纽交通压力大

北京北站地处西直门综合交通枢纽，枢纽集合了高铁、市郊铁路、地铁、公交及社会车辆等多种交通方式，客流量大、客流集散集中。西直门交通枢纽衔接有地铁2号线、4号线、13号线，每日有近30万人次换乘，几条地铁线高峰时段上座率已经饱和；此外，西直门交通枢纽衔接的西二环等主要道路早晚高峰长期拥堵，且车站周边无社会停车场。因此，如果由北京北站全部承担京张高铁始发终到车作业任务，铁路客流将几乎全部由城市轨道交通及公交承接，势必增加城市轨道交通线、公交线及区域内道路的客流运输压力。

综上所述，京张高铁引入北京铁路枢纽，需新建客站与北京北站共同承担京张高铁客车的始发终到作业。

3）文物保护需在京张高铁站房设计中充分考虑

老京张铁路于1909年建成，已有百年历史。北京北站（老京张铁路上的西直门车站）内的天桥、雨棚及站房，清河站的老站房以及老京张铁路位于市区的区间线路，均为国家级文物。京张高铁站场及站房设计方案应满足文物保护的要求。

4）环保、拆迁及道路导改影响京张高铁引入

老京张铁路通道深入北京城市中心城区，线路两侧建筑物密集，分布有清华大学、北京交通大学、北京体育大学等高校，军政家属区，天兆家园、上地佳园、当代城市家园、智学苑小区、保利香谷罗兰等企事业单位及居民区。由于高速客车运行中将产生较大的活塞风压，对周边建筑物产生噪声和振动影响。因此，京张高铁在研究引入北京铁路枢纽方案时应重视环保要求。此外，老京张铁路线还与学院南路、成府路、双清路等道路平交，线路地下分布有地铁10号线、热力管线、排水管线等，工程建设将引起道路改移、管线迁改工程，应关注道路及管线迁改工作。

5）复杂的运输组织制约京张高铁技术标准的确定

京张通道北京段不仅承担高铁通道运输，还兼顾市域铁路、普速货运列车运输，不同列车的技术条件、标准、开行需求也不尽相同，因此京张高铁线路及车站设计应满足复杂的运输组织需要。

2.2.2 设计思路

（1）站址选择及一体化设计中体现"车站融入城市规划"

京张高铁引入北京枢纽新建客站的站址，需结合北京铁路枢纽总图规划、北京城市交通规划、旅客出行特征进行合理选择。具体从以下几方面考虑：

①北京市规划要求京张高铁需承担市区与延庆区通勤旅客交流，以及市区与八达岭长城景区旅客交流，需考虑延庆支线接入，需考虑在八达岭长城景区设站。此外，北京市规划部门要求，京张高铁在城市北部地区新建客站，以满足北部城区乘客出行需求。

②按照16辆编组的高铁动车组定员1200人/列员计算，高铁始发终到站高峰时段将有大量旅客聚集，需配套提供快速轨道交通进行集疏。北京市在城市北部的回龙观地区建设了地铁13号线、5号线、昌平线。新客站站址选择时，要结合既有、在建、规划的轨道交通车站分布，实现高速铁路与地铁的"零换乘"。

③新建站房应与周边地块区域规划统筹开发，打造站城融合，实现统一规划、统一设计、统一建设。

（2）客流预测、客站设计中体现"铁路融入城市交通"

京张高铁在北京枢纽内需兼顾市域铁路功能，在城市北部设置多座车站，服务城市北部地区旅客出行，在一定程度上可缓解北部地区交通压力。设计运量预测中，需要区分长途客流、市郊客流、旅游客流，厘清票制、票价，并体现分时段出行特征；同时，在车站设置中，分析不同客流乘车特点，合理设计旅客进出站流线。

（3）城区内线路设计体现"通道融入文化绿廊"

老京张铁路上的车站建筑、区间线路已有百年历史，是国家宝贵的历史文化遗产。京张高铁是对老京张铁路的升级及地面线路腾退，需要展示京张百年沉积。百年间城市的发展，已经包围了老京张铁路。京张高铁设计中，需改变老京张铁路因建筑重重包围而产生的割裂城市问题，尽可能地保留老京张铁路的文化遗迹，传承老京张铁路的历史及文化。

（4）京张高铁运输组织体现"两网融合"

延庆区距离北京市区近百千米，目前利用高速公路或老京张铁路与中心城区连接，无论利用哪种交通工具，路途都需要一个半小时。如果利用京张高铁进入市区，仅需半小时。因此，京张高铁的运输组织、车站及信号设计应考虑市域铁路的特点及运输需求，充分发挥京张高铁服务市郊功能。

2.3　经验借鉴与设计启示

2.3.1　国外高铁引入铁路枢纽的经验借鉴

1）东京铁路枢纽

（1）城市概况

东京又称东京都，是日本的首都。东京都的总面积为 $2162km^2$，包括 23 个特别区、26 个市、5 个町和 8 个村。其中 23 个特别区所构成的地域，习惯上称为东京 23 区，也就是东京都区部，总面积 $621.97km^2$，总人口约 874 万人。东京中心区包括东京都心 3 个区（港区、中央区、千代田区）及山手线内的区域，面积约 $88km^2$，是东京工作岗位及流动人口比较集中的区域。

（2）枢纽概况

轨道交通是东京最主要的交通出行方式。东京铁路枢纽中除地铁外，还有多条 JR 国铁和私营铁路，以及东海道新干线、东北新干线、长野新干线、山手新干线等一批线路引入。东京的铁道路线主要是以 JR 线为主，有环绕都心行驶的 JR 山手线与横切都心行驶的 JR 中央线、总武线。在 JR 山手线的内侧有众多地下铁路线，在外侧有呈放射形状的各家私营铁路线。新干线主要承担东京和南北主要城市间的中长距离高速铁路运输，城际列车和快速列车主要承担都市圈范围内一些城市间的联系，普通列车则是运营在普通线路的非高等级快速列车。日本新干线线路示意图如图 2-2 所示。

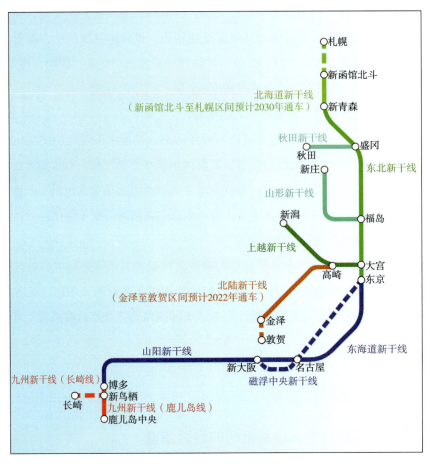

图 2-2　日本新干线线路示意图

东京主要的综合交通枢纽均分布在山手环线上，主要有新宿站、池袋站、涩谷站、东京站、品川站及上野站。其中，东京站是日本最大的综合交通枢纽车站，集新干线、普速铁路等多种交通方式于一体。东京站是东海道新干线与东北新干线的端点站，东北新干线由北端引入，东海岛新干线由南端引入。此外，也有多种经由这两条新干线而直通其他新干线（九州新干线除外）的列车自此发车。东京站还连接既有铁路和城市轨道交通线路，包括山手线、总武线、京叶线等，旅客出行非常便捷。东京综合交通枢纽在微观层面上将公共汽车站、出租汽车站、地下停车场以及商店、银行、商业街等布置在同一建筑物内，或用地下通道连为一体，出入口数量多、分布广，实现了交通与建筑群体的一体化。

（3）新干线引入枢纽的方式

在引入既有枢纽的方式上，日本新干线大量采用高架引入，在既有站上方设高架车站，使旅客在既有线和新干线之间方便换乘，并利用既有的城市交通网迅速集结与疏散。

受制于市区内用地条件限制,东海道新干线配属的大井车辆基地,设置于距离始发站东京站约10km的品川区。大井车辆基地是东海道新干线在东京的维修厂,负责提供列车检修、整备、清洁及补给等服务。该基地于1973年建立,通过高架支线在品川车站北方与东海道新干线的正线衔接。大井基地内共设有检修库(2座)、临修库(1座)、车轮镟削库和综合事务所办公楼等设施。停放车种以新干线700系列车和N700系列车为主。

2)巴黎铁路枢纽

(1)城市概况

巴黎(Paris)是法国的首都和最大城市,也是法国的政治、经济、文化和商业中心,世界五个国际大都市之一。巴黎位于法国北部巴黎盆地的中央,横跨塞纳河两岸,广义的巴黎有小巴黎和大巴黎之分。小巴黎指大环城公路以内的巴黎城市内,面积105.4km²,人口224万人;大巴黎包括城区周围的上塞纳省、瓦勒德马恩省、塞纳—圣但尼省、伊夫林省、瓦勒德瓦兹省、塞纳—马恩省和埃松省七个省,共同组成巴黎大区,这片地区在古代就已经被称作"法兰西岛"(ile-de-france),都会区人口约为1100万人,占据全国人口的1/6。

(2)枢纽概况

巴黎铁路枢纽内有巴黎北站、巴黎东站、巴黎里昂站、巴黎奥斯特利茨火车站、巴黎蒙帕纳斯火车站、巴黎圣拉扎尔火车站、巴黎贝西—勃艮第—奥弗涅地区站7大始发站,同时有巴黎郊区联络线将戴高乐机场站、谢尔西站和马西站3个站串联,并在巴黎城市东侧通过联络线链接北线、东南线和大西洋线。巴黎地区铁路示意图如图2-3所示。

图2-3 巴黎地区铁路示意图

法国高速列车（简称 TGV），是日本新干线之后世界上第二条高速铁路。TGV 以法国巴黎枢纽为中心，辐射至全法国和欧洲，巴黎城市中心的始发站均为尽头站。高速新线主要有东南线、地中海线、大西洋西岸线、北方线。法国高铁在建设之初就采用的是新建并结合既有线改造的模式，在建筑物密集的市区车站，均是对其进行现代化改建或者扩建。

（3）高铁引入巴黎铁路枢纽的方式

在高铁引入巴黎铁路枢纽时，为了节省市区中心车站的改扩建工程，巴黎铁路枢纽设置了郊区联络线，可以使地区间的客流不在巴黎中心城区换乘，方便通过巴黎大区的长距离客流，实现零换乘，节省了出行时间。比如，法国高铁东南线利用 10km 既有线引入巴黎市中心的既有车站。联络线上设置的车站有戴高乐机场、谢尔西站（旁边是迪士尼乐园）及马西站（附近是巴黎科技园区），增强了联络线上的车站客流吸引能力。

考虑到法国客流主要以巴黎为中心向四周辐射，法国高铁在巴黎地区设置了三处动车段，每条线设立一个动车段，动车段负责各类高速列车的各级维修，大修则送至大修厂进行。法国 TGV 维修基地包括：①巴黎东南线及地中海线运行的 109 列高速动车组，主要采用法国第一代高速列车——东南线高速动车组（TGV-PSE），分别由设在巴黎的孔夫朗运用所和圣乔治新城动车段完成运用、检查及维修工作，其大修送至斯特拉斯堡的比夏姆大修厂。②大西洋线运行的 105 列 TGV-A 型动车组，由设在巴黎的沙迪翁动车段承担运用、检查及各级段修，大修也送至比夏姆大修厂。北方线的动车组由设在巴黎的兰地动车段负责各级段修；一部分始发终到里尔的高速动车组的日常检查，由设在里尔市的图尔宽动车运用所负责；大修由设在里尔市的亥雷姆斯大修厂负责。

3）柏林铁路枢纽

（1）城市概况

柏林位于德国东北部，是德国的首都和最大的城市，也是德国的政治、文化和经济中心。柏林共有 12 个区，面积 892km^2，人口约 363.4 万人。其中，市中心的 3 个区，面积 112km^2，93 万人。

（2）枢纽概况

柏林是德国铁路重要枢纽。柏林中央火车站、火车东站、南交叉火车站和健康泉火车站是柏林主要的火车站，提供国内和国际长途运输服务。其中，柏林中央火车站于 2006 年建成的新火车站，是柏林的地标建筑之一，也是欧洲最大的塔式火车站。

由高速铁路线路组成的主路网和外围普速铁路线共同构成了柏林客运铁路网。其中，高速铁路主路网由北边的柏林铁路内环线、柏林东西线和南北隧道等构成（也被称为蘑菇形路网）。

柏林铁路枢纽共有客运站 17 个（不含 S-Bahn 车站），包括 5 个高速铁路客运站和 12 个普通铁路客运站。由于车站分布在全市，因此旅客可以方便地到达城市的各个区域。除主客站外,柏林铁路枢纽中的其他客站均为中小型车站,车站的站台为1~3个,股道数量2~6个。柏林主客站规模较大,由东西和南北方向的车站构成;东西向车站为高架站,有2个站台4条到发线;南北向车站由4个站台8条到发线组成。东西向车站与南北向车站呈十字形换乘,占地少,换乘距离不超过100m,同时换乘能力可达50万人次/d以上。

(3)高铁引入柏林铁路枢纽的方式

为了使车站深入市中心,以便方便旅客出行,柏林铁路枢纽通过高架或地下化敷设方式,设置了多个直通式的中小型车站。中小型车站的设置与尽端式车站相比,不仅增加了车站的通过能力,也能使乘客在主要线路交汇处,实现与各方向线路间的立体换乘。

柏林铁路枢纽内高速和普通铁路共线运营。为了避免新建高速铁路导致大量投资和土地浪费,并提高线路利用率,高速列车进入市区范围时低速通过既有普速铁路。为了减少乘客出行时间,减少主客站的上下客时间,柏林铁路枢纽在城市边缘设置辅客站供高速列车停靠。

德国城际特快(简称ICE)列车1/2/3每种车型各建一个动车段,设置于客运枢纽所在地,负责该车型的各级段修,需要大修时则送往大修工厂。另外出于运输需要,在客车始发终到数量较大、无动车段的车站附近设置动车运用检查所,负责动车组的运用和检查工作。德国ICE动车组维修体制实行计划修与状态修相结合,定期检测、保养与状态修相结合,部件互换修和主要部件集中修相结合的方法,将动车段分为A、B、C三类进行分类管理。其中,B类负责动车组低级修或小规模修,并兼作临修,包括汉堡(ICE1)、柏林(汇E2)、慕尼黑(ICE3和ICE-T)、法兰克福(ICE3和ICE-T)、多特蒙德等。其中,柏林动车段负责44列ICE2型动车组的各级段修。此外,科隆、巴塞尔、莱比锡等地各设有一个动车运用所,纽伦堡大修工程则负责所有高速动车组大修。

从东京、巴黎、柏林铁路枢纽的介绍中可以看出,这些城市的高速铁路及城际铁路均引入城市,均采用多站乘降的方式,且都深入城市中心区域,动车段所均设于中心城区之外。

2.3.2 国内高铁引入铁路枢纽的经验借鉴

1)武广高铁引入沿线枢纽

武广高速铁路即京广高速铁路武广段,简称武广高铁,是《中长期铁路网规划》中"八纵八横"高速铁路的"一纵",呈南北走向。以下主要介绍武广高铁引入广州铁路枢纽和武汉铁路枢纽的情况。

(1)广州铁路枢纽

武广高铁建设中,在广州城市南部的番禺区新建广州南站,武广高铁自北向南进入广州铁路枢纽,途经广州北站。广州北站距离广州南站直线距离约47km,运行时间23min。根据最新时刻表,武汉至广州间每日开行58列高速列车,其中只有9列高速列车停靠广州北站,占比15.5%。广州北站位于花都区,武广高铁开通时,城市北部地区旅客出行只能通过高速公路出行，耗时长、便利性差。广州南站与广州北站之间的地铁9号线和3号线北延线于2017年建成运营，但从广州北站去广州南站乘坐地铁耗时需要2个多小时。总之，武广高铁进入广州铁路枢纽虽然连接了两个车站，具备实现多点乘降的可能，但广州北站为中间站，只有2个站台面，无其他铁路运营配套设施，无法为更多的高速列车停站提供条件，且城市也未规划市政配套设施，这些因素造成京广高铁在广州铁路枢纽无法实现多点乘降。

武广高铁引入广州铁路枢纽方案示意图如图2-4所示。

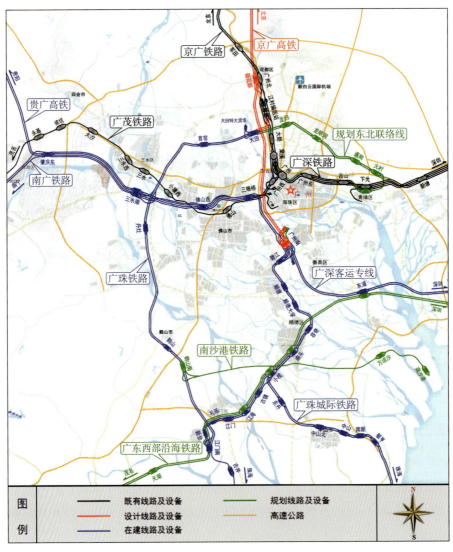

图2-4 武广高铁引入广州铁路枢纽方案示意图

（2）武汉铁路枢纽

武广高铁建设时，于武汉三镇中的武昌新建武汉站。京广高铁（南段称武广高铁）由城市北部进入武汉铁路枢纽，通过新建的武汉站后，一路南下至广州。武汉站作为武广高铁的起点站，按旅客站台11座、到发线20条（其中高速场8台15线、普速场3台5线）建设，武广高铁的通过客车在武汉铁路枢纽只能停靠武汉站。武广高铁建设时,为方便汉口地区旅客出行,还修建了汉口站与武广高铁间的联络线。在整个高铁网建成之前,汉口站只能办理至广州方向的始发终到动车。按最新时刻表,汉口至广州南每日开行 10 对高速列车,显然服务频率不佳。综上所述,武广高铁在武汉枢纽内不能实现多点乘降。武广高铁引入武汉铁路枢纽方案示意图如图 2-5 所示。

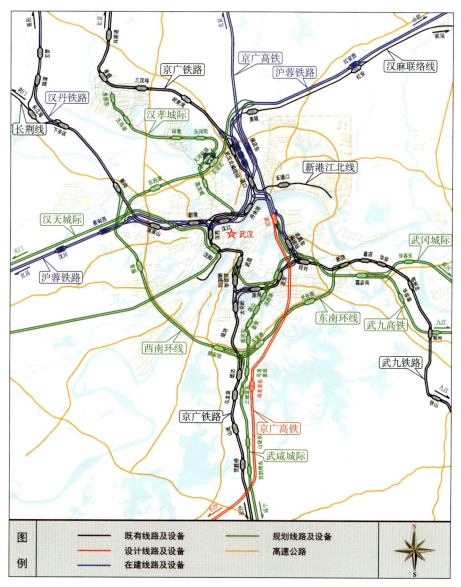

图 2-5 武广高铁引入武汉铁路枢纽方案示意图

2)京沪高铁引入沿线枢纽

京沪高铁是一条连接北京市与上海市,途经河北、天津、山东、江苏的高速铁路,是《中长期铁路网规划》中"八纵八横"高速铁路主通道之一。以下主要介绍京沪高铁引入天津铁路枢纽客站及上海铁路枢纽客站的情况。

（1）天津铁路枢纽

京沪高铁建设中，在天津市西南的西青区新建天津南站。京沪高铁由西北方向进入天津铁路枢纽，经天津南站后，一路南下，京沪高铁上的通过客车在天津南站停靠。京沪高铁建设期间，为满足天津始发终到客车及其东部高速动车上线，修建天津西站与天津南站的联络线、天津西站至天津站的地下直径线。京沪高铁在天津铁路枢纽只经天津南站，不能实现多点乘降；从天津以东的高速铁路转京沪高速铁路的客动车，通过天津西站与天津南站之间的联络线实现多点乘降。

京沪高铁引入天津铁路枢纽方案示意图如图 2-6 所示。

图 2-6 京沪高铁引入天津铁路枢纽方案示意图

（2）上海铁路枢纽

京沪高铁在上海铁路枢纽，新建昆山南站、上海虹桥站。京沪高铁由西向东进入上海铁路枢纽，经昆山南站至上海虹桥站。上海虹桥站距离昆山南站约 40km，运行时间 19min。根据现行运行图，京沪之间开行的 30 对动车中，停靠昆山南站的动车仅有 2 对。昆山市隶属于江苏省，昆山市的花桥镇东邻上海，距离昆山南站约 20km，自驾车时间约 30min。因此花桥镇至上海的客流多为自驾车或乘坐公交车出行。通过京沪高铁至上海站有3对动车，是通过枢纽内其与沪宁城际间的联络线实现。通过上述分析，京沪高铁进入上海枢纽仅衔接了上海虹桥站，上海市旅客多点乘降需通过联络线实现。

京沪高铁引入上海铁路枢纽方案示意图如图2-7所示。

图2-7 京沪高铁引入上海铁路枢纽方案示意图

3）沪杭高铁引入沿线枢纽

沪杭高速铁路即沪昆高速铁路沪杭段，简称沪杭高铁，是一条连接上海市与浙江省杭州市的高速铁路，是《中长期铁路网规划》中"八纵八横"高速铁路主通道之一，与杭长高速铁路、长昆高速铁路共同构成纵贯中国东西向的沪昆高速铁路。以下主要介绍沪杭高铁引入上海铁路枢纽和杭州铁路枢纽的情况。

（1）上海铁路枢纽

沪杭高铁在上海铁路枢纽经新枫泾及新松江后，引入上海虹桥站，与京沪高铁贯通。新枫泾及新松江两个中间站，虽能满足松江区和金山区的部分客流出行需求，但两个站仅满足通过列车停站，城市未配套轨道交通，停站列车较少，服务水平有限。因此，沪杭高铁进入上海铁路枢纽多点乘降功能不显著。

（2）杭州铁路枢纽

沪杭高铁在杭州市建成区东南新建杭州东站，杭州东距市区约10km，沪杭高铁在杭州东站与杭长高铁贯通，同时修建沪杭高铁至杭州站的联络线。杭州东站主要承担沪杭高铁与杭长高铁通过列车停站作业，杭州站主要承担沪杭高铁客车的始发终到作业。因沪杭高铁在杭州铁路枢纽只设杭州东站，不具备多点乘降功能；杭州铁路枢纽多点乘降是通过联络线接通杭州站实现的。

沪杭高铁引入杭州铁路枢纽方案示意图如图2-8所示。

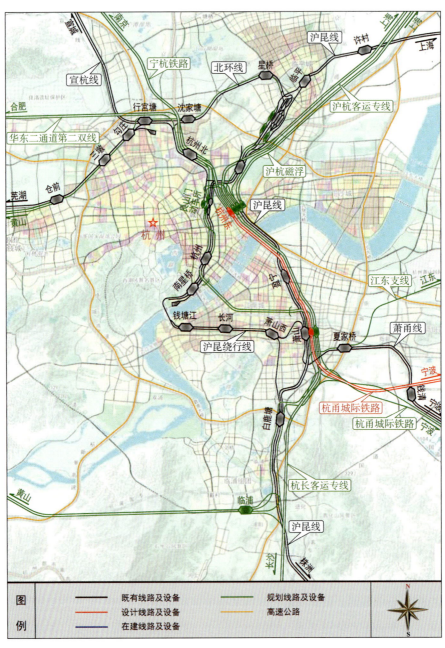

图2-8　沪杭高铁引入杭州铁路枢纽方案示意图

通过对国外铁路枢纽的分析，国外高速铁路的建设在引入枢纽主要客站时，优先考虑利用既有的客运设施和设备，以方便高铁旅客的乘降与换乘，鼓励建立立体化、集多种交通运输方式为一体化的综合交通枢纽；高铁深入市区既有车站，考虑多种交通方式立体式布置，既能节省用地、减少拆迁，又能充分利用城市已经建成的轨道交通及市政交通系统，经济性好。

通过对国内铁路枢纽的分析，国内的武广高铁、沪杭高铁、京沪高铁在引入大型枢纽时均设置了一个主要客运站，这些客站距离城市中心的直线距离，除了杭州东站外，其余均在10km以上。虽然在城市建成区之外新建高铁车站，有助于拉动高铁站周边的城市发展，但是市内的乘客需要通过轨道交通进行疏解，对市内轨道交通带来较大的压力，如果能够实现多点乘降，将有助于改善对城市轨道交通的影响。

2.4 设计方案与综合效果

2.4.1 多点乘降，缓解交通拥堵

从对北京北站区位条件分析可知，北京北站扩建困难，周边轨道交通及公交运输压力大，京张高铁在北京北站集中乘降的方案不可行。为此，设计单位首先考虑在北京北部地区（五环外）新建客站，京张高铁和京沈高铁均引入新客站。基于此，研究了东北环新设站方案、沿老京张铁路设站方案、六环北新设站方案、顺义新设站方案。由于以上各站距离中心城区较远，周边交通设施配套较差，无轨道交通接驳，不能充分利用既有北京北站设备设施，因此不再深入研究。综合北京城市规划、城市人口分布、既有铁路设备充分利用，设计单位决定采用两站分散乘降方案，即为满足京张高铁在北京枢纽内始发终到条件，除利用既有北京北站外，新建辅助客站，实现多点乘降。北京市北部新建客站站址选择示意图如图2-9所示。

1）辅助客站选择原则

（1）符合城市总体规划

北京作为首都，有着严格的城市规划管控要求，辅助客站选择应符合北京城市总体规划和国土空间规划，在满足规划的基础上，靠近城市功能组团，统筹办公、商业、居住地块之间的关系，更好地服务居民出行，同时避免对周边建筑物环境的影响。

（2）交通接驳设施条件齐全

车站选址应结合客流预测及分析数据，综合考虑周边既有及规划城市道路、城市轨道交通、公交场站情况，能承接铁路节假日或高峰时段极端客流，满足乘客快速换乘及疏散条件。

（3）工程可实施性高、投资省

车站选址应充分考虑可用的建设场地情况，避免大范围征拆，选择工程实施条件较好、工程投资较为节省的方案。

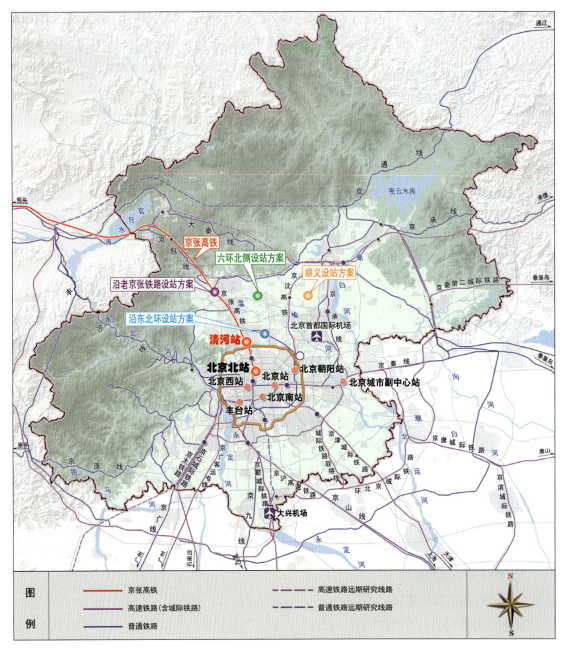

图 2-9 北京市北部新建客站站址选择示意图

2）辅助客站选择

老京张铁路出北京北站后，依次设置有清华园站、清河站、沙河站、昌平站。线路在西直门至西二旗段与地铁 13 号线路径重叠，清华园站、清河站位于该段落。设计单位在进行辅助客站选择时，对以下站点进行了研究：

清华园站位于四环内，距离天安门约 10km。该站区位条件较好，但位于建成区，周边建筑物密集，无扩建条件，车站周边交通接驳条件较差。

清河站位于北五环边，属于 20km 圈层内，距离中心城区较近，属海淀区海淀山后及上地产业组团，该区域对外出行需求较大，该站址可更好服务通勤客流及城区北部出行客流；车站并行的 13 号线具备加站条件，同时规划有昌平南延线及地铁 19 号线支线并在此设站；车站具备扩建条件。

沙河站位于北五环与北六环间的昌平区内，属于 30km 圈层，距离中心城区稍远；周边规划以居住用地为主；车站周边无现状或规划轨道交通线路，车站周边交通接驳条件差；车站为货运站，衔接有货场和多条专用线，改建为客运站工程不易实施。

昌平站位于北六环外昌平区，属于 40km 圈层，距离中心城较远；该区域规划以居住为主，车站周边现状为村庄，人口密度较低，客流出行需求较小；车站周边无既有及规划轨道交通线路，车站周边交通接驳条件较差，对客流服务效果较差；车站衔接有货场和多条专用线（含军事专用线），车站改扩建条件较差。

基于与规划符合性、服务效果、交通接驳条件、工程可实施性等原则，对以上四个站址进行综合对比分析后，设计单位认为清河站作为辅助客站较为合适。在清河建设辅助客站，同时还可在距其 3.5km 的东北环线及老京张铁路合围的三角地之间配套建设动车运用所。

因此，在五环外增设清河客站，形成"双主"客站的新布局，避免超大型客站"城中城"现象，有效减轻了西直门地区的交通压力，大幅降低了城市改造和为客站配套的基础设施投资。京张高铁引入北京枢纽打破了高铁建设中在一个城市内"一线一站"的传统枢纽布局。

京张高铁引入北京铁路枢纽主要客站布局示意图如图 2-10 所示。

3）市郊铁路融入方案

在京张高铁运行径路上，有市郊铁路 S2 线和怀密线与其共用廊道，在线路标准、车站设计、旅客进出站流线中应予以统筹考虑。

（1）市郊铁路 S2 线

既有市郊铁路 S2 线利用老京张铁路、康延支线运行，由北京北站始发，经停清华园站、清河站、昌平站、南口站、八达岭站，终至延庆站。2016 年京张高铁建设时，北京北至清河段断线施工，S2 线始发站由北京北站转移至东北环线黄土店站。

为提升京张高铁对延庆区的服务质量，京张高铁规划同步对延庆支线（原康延支线）进行升级改造，由单线改为双线电化铁路，速度提升至 160km/h，具备开行电力动车组条件，延庆支线于八达岭西线路所疏解接入京张高铁。改造后，延庆至北京北运行时间可压缩至 30min 左右。S2 线上的快车可利用京张高铁开行，同时保留原 S2 普速车，利用老京张铁路开行慢车，实现市郊铁路 S2 线快车、慢车在不同线路上运行，满足多样化的出行需求。

（2）市郊铁路怀密线

2019 年底，随着京张高铁开通运营，市郊铁路怀密线起点由黄土店站调整至清河站；为更好地服务通勤客流，2020 年 9 月 30 日，其起点再次由清河调整至北京北站。经过 2 次调整后，怀密线利用京张高铁昌平至北京北段线路及北京北站、清河站开行始发终到动车，充分体现了市郊铁路与高铁的融合。

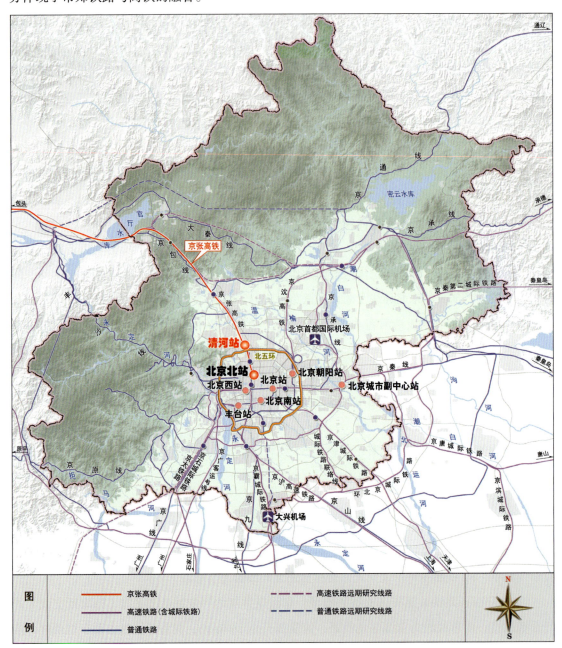

图 2-10　京张高铁引入北京铁路枢纽主要客站布局示意图

2.4.2　联络疏解，实现互联互通

《京津冀地区城际铁路网规划》中提出，要以"京津、京保石、京唐秦"三大通道为主轴，到 2020 年，与既有路网连接区域中所有地级及以上城市，基本实现京津石中心城区与周边城镇 0.5～1h 通勤圈，京津保 0.5～1h 交通圈；到 2030 年，基本形成以"四纵四横一环"为骨架的城际铁路网络。京张高铁仅起到西北及蒙西旅客进京的快速通道作用，未实现西北及蒙

西、东北及蒙东、冀中、南部省市之间的快速连接。此外，京津冀地区城际客流主要为张家口地区与津沧、唐秦承、冀南地区、雄安新区旅客交流，中长途跨线客流主要为蒙西、宁夏、晋北地区与东北、华东、中南地区旅客交流，京张高铁张家口方向与雄安方向及承德方向客流需求较大。综上，需在枢纽规划中考虑预留线路接轨条件。以下主要研究京张—京沈联络线方案及京张—京港台联络线方案。两条联络线区位详如图2-14所示。

1）京张—京沈联络线

京张高铁为西北及蒙西进京快速通道，京沈高铁为东北及蒙东进京快速通道，沟通两者，能实现蒙东与蒙西的快速交流，同时完善北京铁路枢纽规划。

根据京津冀核心区铁路规划及京张高铁线路条件，设计单位研究了昌平站接轨沿六环方案、昌平站北侧路基出岔沿京通铁路方案、大秦铁路北侧方案。由于昌平站北侧路基出岔沿京通铁路方案利用京通既有通道增建二线，线路长度最短，工程投资最省，经过的经济据点较多，经综合比选，最终采用该方案。详见图2-11。

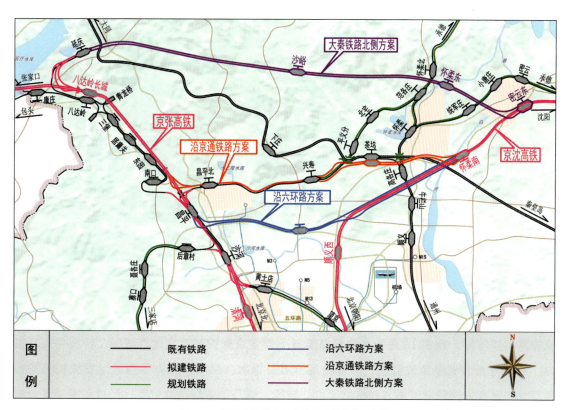

图2-11 京张高铁至京沈高铁联络线方案示意图

为预留京张—京沈铁路联络线接轨条件，设计单位将京张高铁昌平站北端进站前（DK47+000～DK48+100范围）纵断面坡度由24.5‰调整为10‰。

2）京张—京港台联络线

规划怀涿城际为北京铁路枢纽西客环，西接京张高铁，东接廊涿城际铁路，南接京港台高铁（利用廊涿城际铁路），是京张高铁与京港台高铁间的联络线，怀涿城际铁路的修建可强化提升河北两翼张北地区、雄安新区协同发展，并满足呼和浩特方向之间至石家庄、雄安及以远的客车交流，缓解过境客流对北京市内轨道交通的压力。

由于京张高铁八达岭至下花园北（不含）段铺设无砟轨道，运营后不具备改造条件，京张—京港台联络线接入需在建设期提前预留接轨条件。根据京津冀核心区铁路规划及京张高铁线路条件，设计单位研究了引入怀来站方案、引入下花园北站方案、引入张家口站方案。由于引入怀来站方案线路长度短，运输组织顺畅，与京张高铁同步实施，工程少、投资省，最终采用该方案。详见图2-12。

怀涿城际引入怀来站方案。怀涿城际下行线利用老京张铁路线位引入怀来站，老京张铁路外移20m；怀涿城际上行线由怀来站北京端咽喉引出后，跨过京张高铁后与怀涿城际下行线并行前往涿州方向。同时怀来站在站房对侧预留增加1条到发线、将8m宽侧式站台调整为11.5m宽岛式站台的条件；同时调整车站两端咽喉。京张高铁建设中，结合引入方案，同步实施预留的怀涿城际上、下行联络线插入京张高铁正线及到发线上的无砟道岔。

怀来站平面示意图详见图2-13。

除了京张—京沈联络线与京张—京港台联络线建设方案外，根据京津冀地区城际铁路网规划（图2-14），未来将建设怀来至涿州城际、怀来（昌平）至密云城际，实现京张高铁与京港台高铁、京沈高铁连通，届时可开行京张高铁张家口以远与津冀、中南、东北地区间跨线动车组。此外，随着北京枢纽东北环线电化改造工程的完成，京张高铁通过东北环、北京朝阳站、北京站，可实现与京唐城际、京滨城际、京沪高铁等城际铁路或高铁干线连通，具备开行跨线动车的条件。这些措施的实施，将使京张高铁在北京枢纽内，由"尽头式"转变为"通过式"，客车开行方案更为多样，丰富了京张高铁终到北京枢纽客流的"多点乘降"涵义。

2.4.3 地下布线，缝合城市空间

北京市五环内，线路外部条件复杂，老京张铁路与多条道路平交，分别为学院南路、成府路、双清路，地铁10号线在知春路附近下穿老京张铁路；在北京城区，特别是五环以内，地下分布着大量市政管线，大部分是给水、排水、供电、热力等与民生直接相关的各种管线。老京张铁路通道深入北京城市中心城区，线路两侧建筑物密集，经过多家企事业单位和多个居民区，客车运行中会产生噪声和振动，影响居民工作和生活。根据北京市政府意见，结合环保要求，设计单位对京张高铁进入北京市五环内的线路敷设方案进行专题研究。进入城区方案从工程地质条件、线路最大坡度，对市政交通、市政管线、周边重要建（构）筑物的影响，以及防灾救援等不同角度，研究了五环内线路地下方案的可实施性，并与地面方案进行综合技术比选。

合理衔接，引入北京铁路枢纽

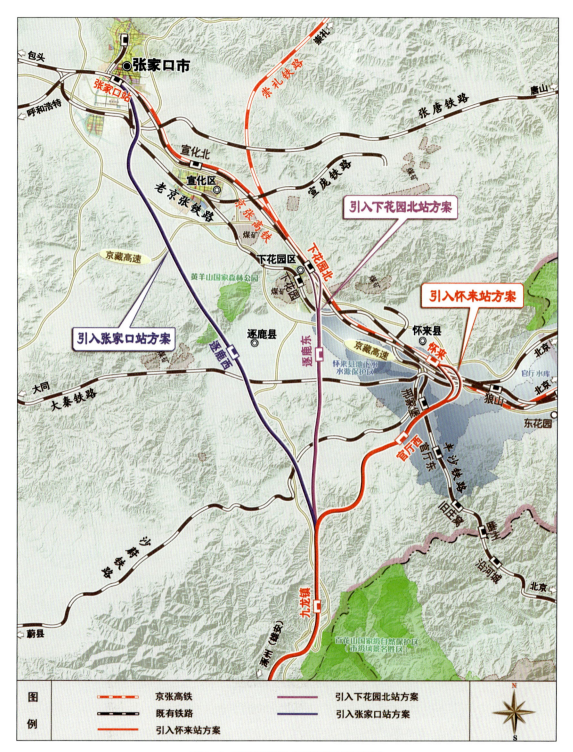

图 2-12 怀涿城际引入京张高铁方案示意图

（1）地下敷设方案

京张高铁在北京北至清河段的区间采用 30.0‰ 的坡度。线路自北京北站引出后转入地下，依次下穿学院南路、北三环路（上跨规划的地铁12号线）、知春路（地铁10号线）、北

35

四环路、成府路、双清路、清华东路（上跨在建地铁15号线）后，转出地面，再下穿北五环路，行至清河站。该方案线路总长11.266km，其中隧道长度6.020km，隧道比例53.43%，工程投资40.11亿元。该方案涉及环境敏感点有总政家属区、四道口社区、北京体育大学、上地佳园及智学苑等16处，投资较高，下穿地铁10号线及各种市政管线，施工风险高。

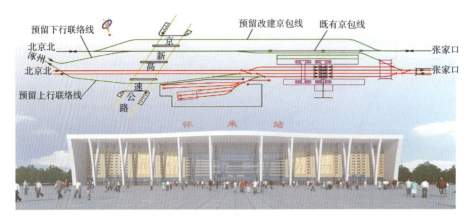

图2-13 怀来站平面示意图

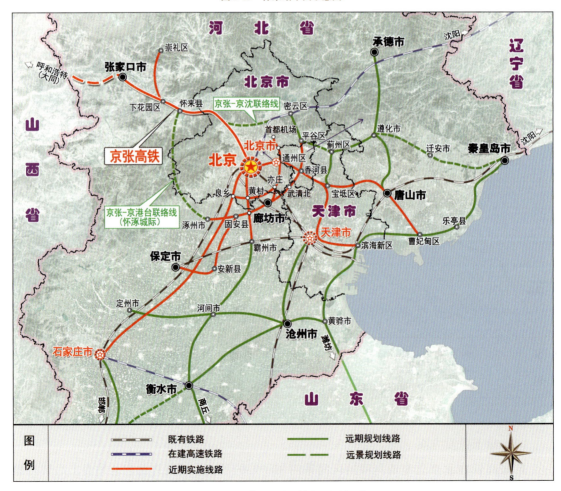

图2-14 京津冀地区城际铁路网规划示意图

（2）地面敷设方案

线路自北京北站引出，依次上跨学院南路（道路下挖改造）、北三环、知春路、北四环、成府路及双清路（铁路原位高架），下穿北五环至清河站。该方案线路长度 11.266km，其中桥梁长度 1.744km，桥梁比例 15.48%，工程投资 31.76 亿元。该方案涉及的环境敏感点为总政家属区、四道口社区、北太平庄村、太阳园小区、太平庄村、荣上小区、西王庄社区、清华大学出版社、清华志清中学、北京体育大学、上地佳园及智学苑等 40 处，需改移学院南路、成府路、双清路等平交道口。

在分析讨论两种敷设方案时，设计单位考虑到京张高铁引入北京枢纽段线路位于北京市核心城区内，环保和环境影响是主要影响因素。与地面方案相比，地下方案虽然存在着工程投资高、施工风险大等缺点，但对环境敏感点的影响由地面方案的 40 处降低至 16 处。同时，该段线路改造为地下敷设后，消除了学院南路、成府路、双清路与既有铁路交叉处的交通安全隐患，道路通行条件更好，各条道路两侧区域小路连通和交流更顺畅，对城市空间进行了更好的缝合和织补。通过综合对比分析，最终确定采用地下敷设方案。

2.4.4 传承历史，再现百年京张

（1）北京北站改造实现文化交汇

北京北站于 1909 年由詹天佑主持建成，既有站房、雨棚和天桥是国家级文物。设计单位根据其具体位置和高程，合理进行北京北站适应性改造及电化改造。

根据既有天桥梁底高程及轨道高程，优化接触网设计。北京北站改造时以既有站房、天桥及雨棚设施原位保护为前提，注重保护百年老站房和天桥等文物。新建的站区围墙，点缀铜仿旧金属质感标志（logo），延续老西直门站房既有站房的灰色基调，表达"点石成金"寓意；北山墙新设金色牌匾及浮雕，彰显老京张铁路与京张高铁时空延续与文化交汇深刻渊源，改造后的车站呈古典与现代交相辉映的景观，形成了北京北站一道独特的风景线。北京北站文物保护及文化元素照片如图 2-15 所示。

a）北京北站老站房、雨棚及天桥原位保护照片

b）北京北站改造后雨棚及新动态标志

图 2-15

c）北京北站改造后站房北立面

d）北京北站改造后京张文化标志（logo）及围墙

图 2-15　北京北站文物保护及文化元素照片

（2）清河站老站房保护体现文化传承

清河站老站房始建于 1905 年，与老京张铁路同期建造，其结构为单层砖木结构，代表了老京张文化之不息，是铁路人的精神寄托。清河站老站房建筑面积约为 336m^2，其外景如图 2-16 所示。2017 年 10 月完成第一次平移 84.55m，至站房临时存放位置。2019 年 2 月 21 日，清河站老站房二次平移工程正式开工。此次平移距离约为 274.81m，最终将老站房平移至清河站东南角位置，历时 10 天。清河站移位保护现场照片如图 2-17 所示。

图 2-16　清河站老站房
（资料来源：http://finance.sina.com.cn/）

清河站可以利用老站房作为文化展示以及新老京张对话的场所。室外保留老京张时期的铁轨作为早期工业文物遗存，跨越百年同站同框与京张高铁交相辉映。由于老清河站室内空间局促，内部隔墙属于文物，很难改动，设计中以还原老京张时期真实情境为表现主题，以少量的图片布置为主展陈功能，情景式介入设计，再现当时老京张清河站的原貌。

（3）老京张铁路遗址打造城市花园

京张高铁入地后，海淀区原地上段落将改造建成集遗址、文体、商业于一体的京张遗址公园。建成后的老京张铁路遗址公园纵贯南北、横连东西，将原铁路沿线的现有绿地与规划的绿地连通，共同构建城市绿廊，预计增加超过 30ha 的绿地，并建设有跑步道和步行道贯穿的城市慢行廊道，打造真正的"城市花园"，为周边 1km 范围内的居民提供运动休闲场所。遗址建设中，将对原有铁轨空间进行改造，尽可能保留沿线重要历史记忆点，让文物古迹和老房子"讲故事"。

图 2-17　清河站移位保护现场照片

此外，老京张铁路遗址公园还将成为活力共享的城市公共空间，这里不仅会建设无障碍设施，未来还会举办运动健身、艺术创意和文化民俗等活动，通过基础设施的改善，提升空间活力。老京张铁路遗址公园规划图详如图 2-18、图 2-19 所示。

图 2-18　老京张铁路遗址公园规划图 1

（资料来源：http://www.cadreg.com.cn/tabid/129/InfoID/12917/frtid/69/Default.aspx）

图 2-19　京张铁路遗址公园规划图 2

截至目前，京张铁路遗址公园设计方案正在征集中。

2.4.5　地下设站，满足景区规划

1）八达岭地区客流特点

（1）景区客流特征

八达岭—十三陵风景名胜区是经国务院批准的第一批全国重点风景名胜区之一，在世界上享有很高的声誉。八达岭—十三陵风景名胜区，西包括关沟、西北包括长城及石峡古堡，北包括土边长城及岔道古城、碓臼峪，东包括银山塔林及铁壁银山，南包括龙、虎山等景观资源集中的区域；核心景区由八达岭长城景区、居庸关长城景区、十三陵景区、银山塔林景区组成。八达岭长城景区包括八达岭长城、水关长城、残长城、土边长城及两侧山体区域，景区中最著名的景点为八达岭长城，其有"不到长城非好汉"的美誉，历来深受国内外游客青睐。

①年游客接待量。

从 2005—2015 年八达岭长城景区年游客接待量（图 2-20）可知，八达岭长城景区年游客接待量逐年增长，2015 年达 870 万人次，日均游客接待量在 1.33 万～2.38 万人次之间。2018 年，八达岭长城接待游客更是接近 1000 万人次，游客接待量淡季和旺季分布不均衡、假日和平日相差悬殊，尤其是假日期间的单日接待高峰压力过大。

②月客流分布。

从 2005—2013 年八达岭长城景区月客流量（图 2-21）分析可知，每年 5、7、8、10 四个月的接待量约占全年接待量的 55%，1、12 两个月的接待量仅占全年接待量的 5% 左右；同时，暑期 7、8 两个月游客接待量要高于"五一""十一"黄金周所在的 5、10 两个月。

③"五一""十一"黄金周客流分布。

从 2008—2013 年八达岭长城景区日客流量统计分析可知（图 2-22），2008—2013 年景区

日游客接待量超过 5 万人次的天数为 54d，占总天数的 2.5%；2012 年 10 月 3 日，景区游客接待量超过 10 万人次，为六年间的最高值。

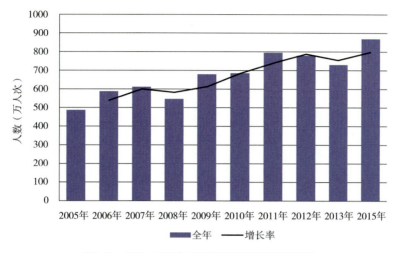

图 2-20　2005—2015 年八达岭长城景区年游客接待量

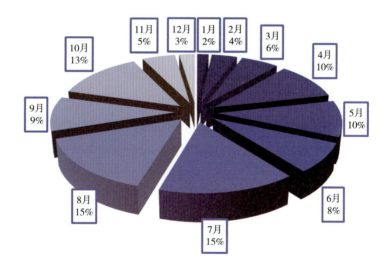

图 2-21　2005—2013 年八达岭长城景区月客流量分析

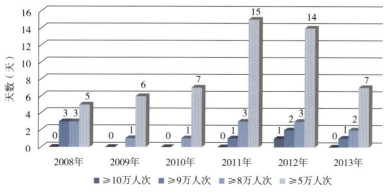

图 2-22　2008—2013 年景区日客流量

④日客流分布。

从 2008—2015 年八达岭长城景区"五一""十一"黄金周日均客流量情况可知（图 2-23），"五一""十一"日均游客接待量分别在 3 万人次、5 万人次的水平，"十一"黄金周客流总体高于"五一"黄金周。

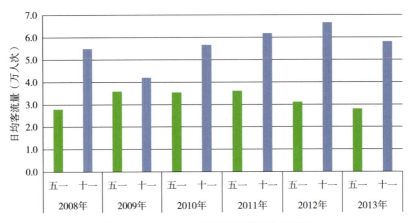

图 2-23　2008—2013 年景区黄金周日均客流量

⑤八达岭长城景区容量。

根据《八达岭—十三陵风景名胜区总体规划修编（2007—2020 年）》，八达岭—十三陵风景名胜区日最高游人量应控制在 5.33 万人次以内，年游人量应控制在 1600 万人次以内；其中八达岭长城景区日合理游人量为 3 万人次左右，据此景区年容量为 1000 万人次。八达岭长城景区根据《景区最大承载量核定导则》，科学核定出景区日最大承载量为 10.8 万人次，景区日最佳承载量为 6.5 万人次，并最终将 6.5 万人次作为景区的每日最大限制游客流量，该措施自 2018 年 6 月 1 日开始执行。京张高铁开通前，八达岭长城景区年旅游接待人数已超过 900 万人次，高峰日旅游接待人数已超过最高游人量控制上限。

（2）铁路客流特征

①京张高铁开通前交通客流分担情况。

2005—2013 年八达岭长城景区旅客主要分为团体和散客（图 2-24），其中团体旅游主要由旅游巴士运送，散客则分别由公交车、自驾车和铁路（北京市郊铁路 S2 线）承担。总体来看，旅游巴士所占比重最大，其次是公交车、自驾车，铁路所占比重不大。2008 年以前，铁路承担客运量仅为 5 万人次左右；2008 年，北京市郊铁路 S2 线开通后，承担客运量上升到 20 万人次；2011 年，北京市郊铁路 S2 线执行北京公交优惠票价后，承担客运量进一步上升至 40 万人次，承担份额也仅达到 5%。

②京张高铁开通后客流分担预测。

京张高铁建成后，将成为八达岭长城景区旅客集散的重要公共交通方式。预测近、远期每年承担客运量分别为 416 万人、525 万人，所占份额为 46.2%、52.5%，将成为景区集散最主要的客运方式（表2-8）。

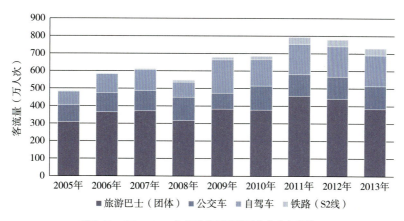

图2-24 2005—2013年八达岭长城景区分方式客流情况

八达岭长城景区分方式客流预测表　　　表2-8

年度	年接待量（万人次）	旅游巴士（团体）		公交车		自驾车		京张高铁	
		运量（万人次）	份额（%）	运量（万人次）	份额（%）	运量（万人次）	份额（%）	运量（万人次）	份额（%）
近期	900	334	37.1	100	11.1	50	5.6	416	46.2
远期	1000	325	32.5	100	10.0	50	5.0	525	52.5

八达岭长城站高峰小时时段为7:00—8:00和15:00—16:00。"十一"黄金周全日客流近、远期分别为1.71万人次、2.14万人次，约为全年日均客流的1.5倍；"十一"黄金周期间高峰小时人数近、远期分别为3400人次、4000人次，为全年高峰小时人数的2倍左右（表2-9）。

八达岭长城站高峰小时客流预测表　　　表2-9

指标	景区游客总量（万人次）		铁路承担客流（万人次）		铁路日均发送量（万人次）		铁路高峰小时人数（人次）	
	近期	远期	近期	远期	近期	远期	近期	远期
全年	900	1000	416	525	1.14	1.44	1481	1870
"十一"黄金周	40	40	12	15	1.71	2.14	3400	4000

2）八达岭长城站站址选择

（1）车站选址理念

①便捷理念。

由于八达岭站主要服务于前往八达岭长城景区的游客，所以车站设置应尽量靠近景区入口，缩短接驳距离，充分体现便捷换乘的设计理念。相关资料显示，正常成年人步行速度约为1m/s，步距60～75cm，频率为每秒钟1步半，一分钟步行距离约60～100m；步行舒适时间不宜超过10min。基于此，八达岭车站距离长城景区主入口步行距离不宜大于1000m，否则应考虑设置交通接驳设施。

②绿色环保理念。

出露地面之上的车站站房，设计风格和色调应充分与八达岭长城文化理念相融合，将站房消隐于景区中，体现绿色环保理念。

（2）车站选址方案

根据八达岭长城景区规划，到达八达岭长城景区的交通方式有市郊铁路 S2 线、京藏或京礼高速公路、877 等多条公交线路。景区有多个售票口，包括北一楼附近的主登城口、索道售票处、公交车集散中心处的售票处及滑道售票处。根据目前八达岭长城景区管理处提供的资料显示，游览八达岭长城景区的游客，集中从主登城口及索道售票处进入。

参考城市中公园绿地服务半径的概念，以 500m 为游客活动适宜的服务半径，考虑实际行走中地形高度差异及绿化园林等阻隔，结合步行舒适时间不宜超过 10min 的出行圈概念，综合考虑此次车站选址，应在主登城口及索道售票处 500m 服务半径和 10min 步行出行圈共同覆盖的范围内较为适宜。

在遵循便捷理念和绿色环保理念的原则下，设计单位同时考虑了售票口入口、工程投资等综合因素，提出滚天沟地下站方案和程家窑地面站方案，并进行了方案比选。

八达岭长城景区站址选择方案示意图如图 2-25 所示。

①滚天沟地下站方案。

车站位于滚天沟停车场北侧山体下方，地面站房位于滚天沟中部，车站埋深 62.7m；距长城入口直线距离 500m，距北索道 300m。该方案中，乘客可在滚天沟内进出车站，与长城步道入口及索道入口距离均较近，游客步行即可到达长城入口，并可兼顾网上购票乘坐索道人群需求，减少游客走行距离；同时也无须修建交通接驳设施，减少对景区道路和交通影响，缓解旅游旺季交通拥堵状况；从运营安全风险角度考虑，地下站工程位于地下，疏散、管控等相对受限，安全风险相对较大，但通过采取一定的措施后，安全风险可控。

②程家窑地面站方案。

车站位于程家窑村西侧，距黑龙潭停车场 2.5km，距八达岭长城入口约 7.2km。该方案中，乘客需通过汽车接驳至长城入口，对所经道路带来较大交通流压力，日游客数量大于 4 万人时，将造成接驳道路严重拥堵，显著增加接驳时间，对地面道路交通带来的压力、尾气污染及道路改扩建等对景区的影响较大。此外，受周边长城保护区、军事禁区、学校、铁路平交道口等限制条件影响，既有交通线路的改扩建难度巨大。该方案相距景区入口较远，若采用小容量轨道交通接驳，会增加游客换乘次数，延长旅客旅行时间，服务性和交通便捷性相对较差。从运营安全风险的角度来看，地面站与地下站相比，旅客地面疏散条件好，安全风险较小。

设计单位除了从对景区交通与环境影响、旅客便捷程度、运营安全风险角度等角度对两个方案进行比选之外，还考虑了工程投资的经济性。地面站方案的工程投资较地下站方案铁路部分工程总投资减少72636.1万元，但考虑地面接驳设施工程投资，地面站方案工程较地下站方案工程总投资多94768.65万元。另外，据国家发展和改革委员会综合运输研究所测算，八达岭地面站方案与地下站方案相比，每年旅客运输接驳经营费用增加3691万元，旅行时间延长成本增加17430万元，车站经营成本减少1500万元，三项合计19621万元。以项目运营期30年考虑，地面站方案将比地下站方案新增费用32.94亿元。

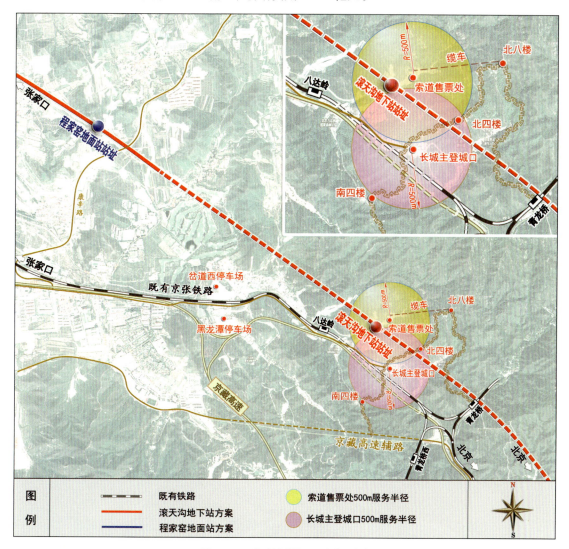

图 2-25 八达岭长城景区两种选址方案

综上所述，从旅客服务水平、技术、经济、环保等方面综合分析，设计单位最终推荐八达岭长城站采用地下站方案。

3）八达岭长城站设计

（1）车场布置方案

八达岭长城站为地下站，地下为双层侧式布置形式，采用2台夹4线站型，设到发线4

条（含正线 2 条），到发线有效长 650m，设 450m×9.2m（局部）×1.25m 侧式站台 2 座。八达岭长城站平面示意图如图 2-26 所示。

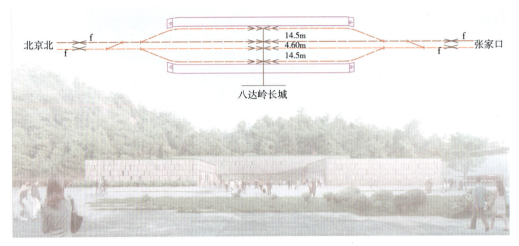

图 2-26　八达岭长城站平面示意图

（2）地下车站建筑方案

八达岭长城站地下建筑面积为 32036m²，车站中心处线路埋深约 102.550m，车站地下部分分为三层，地下三层为站台层，地下二层为进站层，地下一层为出站层。站台层两端布置有少量设备用房，中部为乘车区，有效站台两侧设屏蔽门，屏蔽门距离站台 1.2m。车站每个侧站台均设置两个 10m 宽的进站口、两个 10m 宽的出站口、两个 5m 宽的紧急事故救援出入口及两个 6.5m 宽的疏散出口。八达岭长城站剖面示意图如图 2-27 所示。

图　2-27

合理衔接，引入北京铁路枢纽

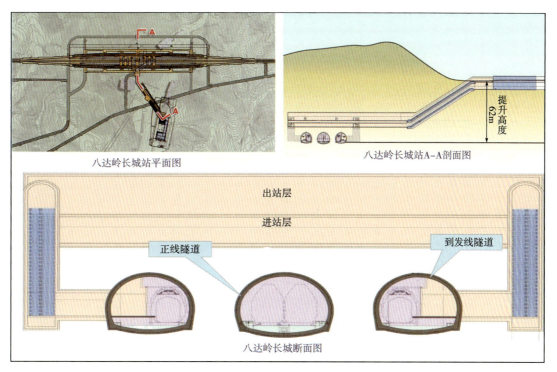

图 2-27　八达岭长城站剖面示意图

CHAPTER 3
>>>> 第3章

站城融合,引入张家口地区
INTEGRATION OF STATIONS AND CITIES, INTRODUCING ZHANGJIAKOU AREA

张家口市位于河北省西北部，不仅是河北省重要的能源基础和生态型旅游城市，而且是冀西北地区中心城市，京北门户，连接京津、沟通晋蒙的交通枢纽，受西北东三面环山的地形限制，城市以向南发展为主。结合张家口地区客流的现状需求和远期预测，考虑张家口地形特点和城市规划等因素的影响，京张高铁引入张家口地区充分体现"适应规划、引领发展；客站布局、集中高效；客内货外、绿色发展；智能便捷、畅通融合"的设计理念。

京张高铁引入张家口地区的客运站布局，考虑与城市的有机融合，展开客站方案的比选，最终确定在张家口站集中办理地区内客运作业，形成了立足中心区域的一站格局，适应了城市发展规划。张家口站的建成，将发挥其作为连接城市南北的关键纽带、紧密联系京津冀和晋冀蒙的作用，因此，对张家口站的设计，应立足整体规划，突显综合交通枢纽功能。张家口站施工方案的设计，受客货运作业多、本站过渡施工难度大、工期较长的限制，充分结合张家口铁路地区总图规划、既有站改扩建条件及车站周边交通情况，确定了符合总图规划的异站过渡方案。

3.1 现状需求与问题分析

3.1.1 张家口地区客流现状

张家口铁路枢纽客流以通过客流为主、始发终到客流为辅，其中通过客流占总客流比例的 60%～70%。通过客流主要为长途客流，包括京津冀至内蒙古、京津冀至山西以及京津冀至西北以远的客流；始发终到客流中，城际、长途客流并重，以京津地区的客流为主，其次为省内城际交流。

（1）通过客运量现状

2016 年，张家口地区通过客运量 807 万人次。通过客运量中，北京方向与大同方向（含唐包铁路）占比较大，占通过总量的 59.6%，其次为北京方向与集宁方向（京包铁路），占通过总量的 40.4%。

张家口地区现有通过车 22 对，占总客车比例的 92.3%，其中，京津冀至集宁、大同方向 14 对，东北至集宁、大同方向 3 对，东南至集宁、大同方向 3 对，华东至集宁、大同方向 2 对，如图 3-1 所示。

（2）始发客运量现状

2016 年，张家口地区铁路总发送量 464 万人次，其中张家口站发送 311 万人次。按市区常住人口计算，人均铁路乘车率达到 2.65 次 / 年。

如图 3-2 所示，从流向看，2016 年张家口地区铁路旅客 48.1% 流向京津，33.6% 流向河北省内，其余少量流向其他省外地区，其中大部分流向山西、内蒙古地区，占京津冀以外客流的 61.9%。

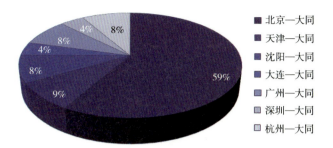

图 3-1　张家口地区现有通过客车占比

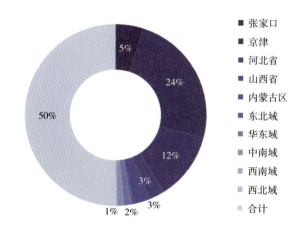

图 3-2　张家口地区铁路分向客运量

◎ 3.1.2　张家口地区客流预测

（1）通过客运量预测

张家口地区通过客运量的主要影响因素有：

①京兰通道承担直通和管内客流均呈快速增长趋势，京张高铁承担直通和管内客流均将呈快速增长趋势。

②旅游客流将成为京张高铁客流的重要来源。

③快速铁路网络化促进了城市一体化的进程，未来经商和公务客流也将占一定份额。

根据全国铁路客运量发展目标、区位特点和路网结构，预测近、远期枢纽通过客车为 67 对和 95 对。其中京兰通道北京至集宁方向所占比例最大，分别占总通过车的 49.3% 和 61.1%；其次为北京至大同方向，分别占总通过车的 29.9% 和 27.4%。

（2）始发终到客运量预测

京张高铁、大张高铁、张呼高铁等的建成，将迅速提高旅客运输服务质量，更好地满足务工人员及其他旅客的出行需求，依托冬奥会以及冰雪旅游的发展，张家口地区旅客发送量将有明显增长，至京津冀地区、山西、内蒙古及以远地区的客流将有较大增长。预测张家口地区近期铁路旅客发送量为 737 万人次，近期年均递增 5.27%；远期铁路旅客发送量为 1180 万人次，远期年均递增 3.90%。

（3）地区客车交流预测

根据张家口地区的铁路客运预测结果，张家口至北京方向客流近期和远期分别占总客流的 70% 和 75% 左右，为张家口地区客流的主要方向，地区客车交流表见表 3-1。

张家口地区客车交流表单位（单位：对/d）　　　　　表 3-1

方　　向	冬奥会期间		近　期		远　期	
	合计	动车	合计	动车	合计	动车
一、始发车	27	23	28	24	36	32
（一）北京北方向	10	10	14	14	16	16
（二）沙城方向						
（三）大同方向	8	6	5	3	5	5
（四）集宁方向	7	7	7	7	11	11
（五）正蓝旗方向	1		1		2	
（六）曹妃甸方向	1		1		2	
二、通过车	30	14	67	53	95	84
（一）北京北—集宁方向	10	10	33	33	58	58
（二）北京北—大同方向	4	4	20	20	26	26
（三）沙城—正蓝旗方向	1		1		1	
（四）沙城—集宁方向	10		8		5	
（五）沙城—大同方向	5		5		5	
三、合计	57	37	95	77	131	116
其中：北京北方向	24	24	67	67	100	100
沙城方向	16		14		11	
大同方向	17	10	30	23	36	31
集宁方向	27	17	48	40	74	69
正蓝旗方向	2		2		3	
曹妃甸方向	1		1		2	

3.1.3　张家口地区铁路既有概况

张家口铁路位于河北省张家口市，京包铁路由地区东南侧引入，横贯东西；唐包铁路张集段自地区西端外包京包铁路引入孔家庄站；唐包铁路张唐段从地区南侧引入孔家庄站与张集段贯通；老京张铁路从张家口站（原张家口南站）西端引出，伸入市区中心。

地区范围西至京包铁路郭磊庄站，东至沙岭子东站，北至老京张铁路张家口站（以后称老张家口站）。既有车站包括张家口、张家口南（以后均指原沙岭子西站）、老张家口、郭磊庄、王玉庄、孔家庄、沙岭子、沙岭子东共8个，其中张家口站为客、货运区段站，张家口南站规划为地区技术作业站，其余为中间站。

既有张家口铁路总布置示意图如图3-3中黑色线所示。

老张家口站位于张家口市老城区中心，是老京张铁路的终点站，为尽头式车站。站内设有客车到发线3条，旅客站台2座，货物列车到发线3条，调车线2条，站修所1处，机务整备点1处，有多条专用线接轨。2009年以前车站主要办理8对张家口市始发终到的旅客列车及老张家口站至张家口站的市郊列车。

张家口站为京包铁路上的一级二场横列式技术作业站。站内既有到发线11条（含正线2条），调车线8条。基本站台和中间站台各1座，旅客地道2处。车辆段、机务段均与下行到达端咽喉区连接，站同左设有综合货场1处。京包铁路上行正线在站内贯通，下行正线外包机务段后接入站内到发线，在站内不贯通，有8条专用线在该站接轨，站房位于车站北侧，站前广场狭窄。

3.1.4 张家口地区铁路发展存在问题

（1）随着几条高铁引入及张家口地区经济快速发展，预测研究年度，张家口地区近、远期铁客车将分别达到95对和131对，既有车站站台、到发线难以承担地区客运量增长的需求，且车站既有客运设施陈旧，扩建条件困难。因此需对地区客运布局进行系统研究。

（2）张家口城市规划主要向南发展，目前已发展至张家口站及张宣公路两侧附近，张家口站位于规划城市中心区，大量的货运列车，尤其是煤炭列车从张家口站通过已不合时宜。

3.2 影响因素与设计思路

3.2.1 张家口城市规划对京张高铁引入提出要求

（1）地形地貌影响城市发展方向

张家口市位于坝下盆地东北边界，三面环山，西依西山，北依阴山，东依崇礼，与市区形成较高的落差，达500~700m；主城区的底部朝南就像一扇敞开的门，至洋河区域均为平地。市区北部高，南部低，平均海拔780m。除山区外，北部城镇的海拔高度为800~900m；而张家口站一带海拔约700m。

受地形地貌限制，老城区以向南发展为主，适当向东、西山坡拓展，远期适当跨越京包铁路向南发展，沿张宣公路、清水河两侧进行控制发展；洋河新区以向东发展为主，远期向南发展。

（2）城市规划影响地区铁路总图规划

张家口市位于河北省西北部，不仅是河北省重要的能源基础和生态型旅游城市，而且是冀西北地区中心城市，京北门户，连接京津沟通晋蒙的交通枢纽。现辖4区13县，中心城区有桥东区及桥西区。全市总面积 $3.69 \times 10^4 km^2$，人口441.3万人。

《张家口市城市总体规划（2000—2020年）》明确提出，城市总体发展目标是将张家口市建成冀西北地区的金融、信息和商贸中心，发挥张家口市连接京津、沟通晋蒙的桥梁作用，把张家口市逐步建成河北省重要的能源基础和生态型旅游胜地，冀西北地区性的现代化中心城市。

张家口市的城市总体布局结构采取"强化中心，依托轴线，发展四翼，带动全域"的总体发展战略。

市中心采用"团体"式结构，即与新的洋河区的开发用地进行整合，在现有区域的基础上采用"一市三城"的模式，并形成通过交通道路，如高速公路、铁路、道路网络联结起的综合规划的城市团体，最终形成一个具有凝聚力、独立但又能通畅沟通的城市环境。主城区城市用地总体结构形态为"一中心二组团"模式，"一中心"是指一个中心城区，包括旧城区（桥东和桥西）和洋河新区，"二组团"则是宣化城区组团和下花园城区组团。围绕张家口城市发展规划和发展方向，随着唐包铁路、京张高铁、张呼高铁、大张高铁及4条新建铁路干线引入，考虑京包铁路货车与唐包铁路共通道经张家口南站绕开主城区，使得张家口铁路地区形成"客内货外"的总图格局，如图3-3所示。

客运系统按"1个客运站、1个主题公园"的布局进行规划。其中，1个主要客运站为张家口站，1个主题公园为詹天佑铁路公园（将老张家口站改造为铁路主题公园）。

解编系统按"1个技术作业站"进行规划，随着货运外迁工程的实施，将张家口南站建设为地区技术作业站。

地区货运系统规划1个物流基地，张家口站货场搬迁至张家口南站，在张家口南站建设二级综合物流基地。

地区内形成1个客运站、1个技术作业站、1个物流基地。共计规划10个车站。

3.2.2 设计思路

结合张家口城市规划和未来客运需求，以及张家口地区铁路既有现状，京张高铁引入张家口铁路地区的选线布站设计思路如下。

① 结合既有线情况、城市人口分布及线路走向，合理确定张家口地区客运站选择，方便居民出行。

② 适应张家口城市地形特点、城市总体规划及发展方向，车站应引领城市发展。

③ 结合地方要求及优化车站施工过渡方案，同时结合地区总图规划，根据实际需求，适

站城融合，引入张家口地区 **CHAPTER 3**

时修建货车外绕线。

④以京张高铁引入地区的站位及站型布置为基础，打造城市综合交通枢纽及地标建筑，达到"站城融合一体"的效果。

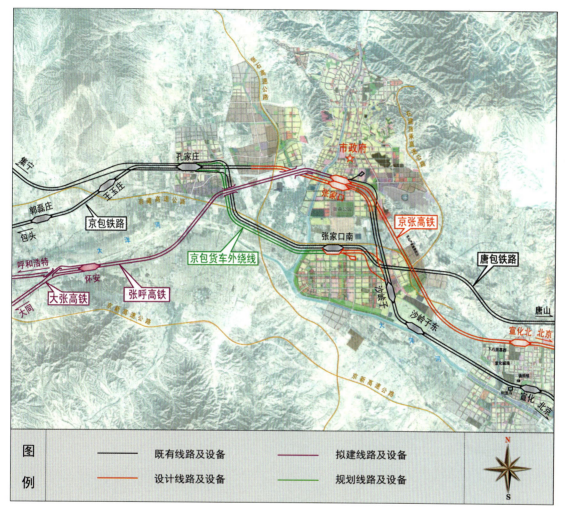

图3-3 张家口铁路地区总布置示意图

基于上述设计思路，京张高铁引入张家口铁路地区，选线布站充分体现"适应规划、引领发展；客站布局、集中高效；客内货外、绿色发展；智能便捷、畅通融合"的设计理念。

3.3 经验借鉴与设计启示

根据张家口城区常住人口及规模，设计单位分析了全国同类型城市的高铁站距离城市中心的直线距离，以及规划高铁引入的车站距城市中心的直线距离，选取了南充、万州、集宁、衡阳四个代表城市，分析其所在铁路枢纽中高铁站的选址与城市中心距离之间的关系。

3.3.1 南充地区

南充市位于四川省东北部、嘉陵江中游，是四川省地级市。根据城市规划，将形成"一心一带三轴"的城镇发展格局，"南北拓展、三城同构、紧凑城市"的城市空间格局，城市远期主要向南、向北发展。

成达万高铁自西南向东北通过南充铁路地区，于南充北站北侧新建成达万车场。地区内高速客运作业集中在南充北站办理，普速客运集中在南充站办理，形成两站格局。南充北站在城市北部，距离南充市城市中心直线距离约 7.2km。成达万高铁引入南充铁路地区方案示意图如图 3-4 所示。

图 3-4　成达万高铁引入南充铁路地区方案示意图

3.3.2 达州地区

达州是四川省地级市，同时处于川渝鄂陕结合部，是成渝经济圈及川东北城市群重要节点城市。达州市规划为"一核一圈两翼三轴"城镇体系空间结构。

成达万高铁自西向东通过达州铁路地区，渝西高铁自南向北引入地区，两条线路于城市规划区南侧并场设达州南站。达州地区形成"普速在北、高速在南"的两站格局，普速客运集中在达州站办理，高速客运作业集中在达州南站办理。达州南站位于城市南侧，距离城市中心约 13.7km。成达万高铁引入达州铁路地区方案示意图如图 3-5 所示。

图 3-5　成达万高铁引入达州铁路地区方案示意图

3.3.3　集宁地区

乌兰察布是内蒙古自治区地级市，位于内蒙古自治区中部，集宁是内蒙古自治区乌兰察布市辖区，也是乌兰察布市人民政府的所在地。

张呼高铁自东向西引入集宁铁路地区，在京藏高速公路南侧新建乌兰察布站。规划呼南高铁由南向北引入乌兰察布站东端，集二客专由北向南引入乌兰察布站，两线贯通。集宁铁路地区形成两站格局，其中乌兰察布站为高速客运站，集宁南站为普速客运站。乌兰察布站距城市中心约 8.9km。张呼高铁引入集宁铁路地区方案示意图如图 3-6 所示。

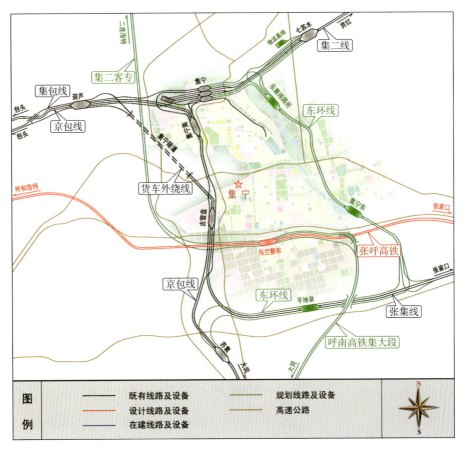

图 3-6　张呼高铁引入集宁铁路地区方案示意图

3.3.4　衡阳枢纽

衡阳铁路枢纽地处湖南省衡阳市，衡阳市是湖南省第二大城市，地处南岳衡山之南，是湘江及其支流耒水、蒸水的汇合处，京广、湘桂铁路的交点，为湘南水陆运输中心和沟通南北的交通枢纽。

京广高铁自北向南引入衡阳铁路地区，在城市东侧新建衡阳东站。规划衡柳铁路自西向东引入衡阳东站，衡茶吉铁路由东向西引入衡阳东站，两线在衡阳东站贯通。衡阳铁路枢纽为双客站格局，衡阳东站为铁路地区内高速客运站，衡阳站为普速客运站，衡阳东站位于城市东侧，距离城市中心约 13km。京广高铁引入衡阳铁路地区方案示意图如图 3-7 所示。

3.3.5　小结

从上述与张家口市人口、地区生产总值同类型城市的高铁车站距城市中心直线距离来看，这类地级市高铁车站距城市中心直线距离平均约为 10km。针对地级市实际交通接驳情况而言，直线距离大于 10km，虽然可能有利于城市整体发展，但轨道交通配套未实施前，不利于旅客便捷出行。京张高铁引入张家口地区时需要充分借鉴同类型城市高铁车站分布的经验，客站选择在符合城市规划及发展方向的同时，还应能满足旅客便捷、快速的出行需求。

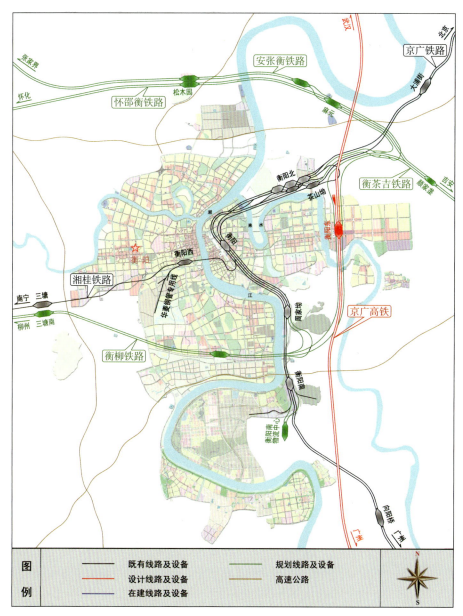

图 3-7　京广高铁引入衡阳铁路地区方案示意图

3.4　设计方案与综合效果

3.4.1　一站格局，立足中心区域

既有张家口铁路地区内老张家口站为客运站，主要办理地区内客车的始发终到作业，张家口站为客、货区段站，主要办理客车的到发作业和货物列车的技术作业。

京张高铁作为京包兰铁路通道的组成部分，张家口站为重要的地级市车站（客运站），有大量通过车，车站应为贯通式站型。老张家口站为老京张铁路终点，尽端式站型，车站位于北部市区中心，距离南部新区较远。车站站坪南北纵向长约1.1km，站台处宽度35m，咽喉区宽度仅20m。车站东西两侧紧密分布有幼儿园、商场及高层居民楼等建筑物，尽端（北侧）为商业区，南侧为平交的建设东路。老张家口站至张家口站段线路（单线）穿越主城区，与城市主干道多处平交，受车站周边建成区构筑物控制，老张家口站无法改造为可接发16辆编组动车组的贯通式车站。综合以上分析，京张高铁引入老张家口站方案可实施性差，且与城市规划不符，研究分析后不予采用。结合城市规划及既有地区铁路概况，针对京张高铁引入张家口地区的情况，进一步研究了城市南侧新建客站及集中张家口站办理客运作业两个方案。京张高铁引入张家口铁路地区客站站址方案示意图如图3-8所示。

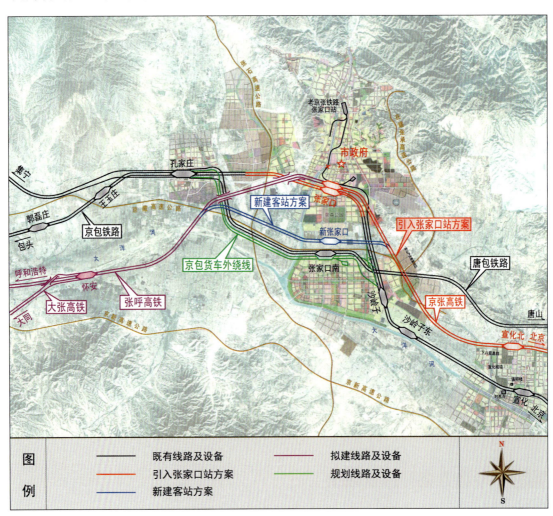

图3-8 京张高铁引入张家口铁路地区客站站址方案示意图

（1）城市南侧新建客运站方案

京张高铁自地区东侧、并行唐包铁路北侧引入，在张家口城市规划南部、张家口南站北侧新设客运站，新客站承担高速列车始发终到、通过停站作业。新建客站距离老城区中心 13km、距离政府大楼 6.5km、距离洋河新区 4.5km。车站靠近城市南部，虽然适应城市发展方向，但距离老城区较远，周边无城市道路及配套设施，难以满足主城区旅客便捷、快速的出行要求，不利于吸引客流。南侧新建客运站方案虽然拆迁小、工程实施较易，工程费用较省；但铁路管理分散，需要城市新建配套设施。

（2）张家口站集中作业方案

京张高铁自地区东侧、并行京包铁路北侧引入既有张家口站，张家口站改为客运站，按高、普速分场建设，承担张家口铁路地区高速及普速客车始发终到、通过停站作业，将既有张家口站承担的大部分货车到发、调车、乘务组换班等作业移至张家口南站。张家口站位于老城区南侧边缘，距离老城区中心 8.5km、距离新政府大楼 2.0km、距离洋河新区 8.0km；其与主城区之间的距离相对较近，主要旅客出行方便，同时符合张家口城市向南发展规划。张家口站与全国同类型城市比较，车站距离市政府、老城区及洋河新区均小于 10km，张家口站周边道路系统及公共设施较完善，且符合居民现状出行习惯、便于旅客出行和换乘，有利于吸引客流，具备成为张家口市中心区的条件。虽然既有车站改建复杂、迁改量大、工程实施难度大、工程费用较高，但是铁路管理集中，能充分利用城市既有配套设施。

设计中对城市南侧新建客运站方案及张家口站集中作业方案两方案，从车站在城市中的区位、与城市规划的符合性、旅客出行便利性、工程条件及投资等方面进行分析，最终确定张家口铁路地区形成高、普客运作业均集中在张家口站办理的一站式格局。

◎ 3.4.2　城南设站，适应城市发展

张家口站设计中，除了需要考虑张家口站站场设计满足铁路运输需求，还需要考虑车站综合交通枢纽如何与城市有机相融，最大限度地提高地区交通效率，引导城市空间调整，优化城市功能。按照张家口城市规划，张家口站处于老城区南侧、规划的高铁新城及洋河新区北侧，位于城市规划中心位置，也是建成区与南部规划区衔接的节点位置。在张家口站打造综合交通枢纽，可以实现在服务老城区的同时，也能成为高铁新城及洋河新区对外联系的窗口。京张高铁引入既有张家口站，可充分利用既有铁路通道及市政配套设施，不割裂城市；该站集中办理地区内高普速客运作业，可满足旅客便捷、快速出行的要求；新设南站房符合城市总体规划。由于既有主城区位于铁路以北，铁路以南为规划的洋河新区，张家口站是南北城区的重要连接节点，为消除铁路割裂南北城区的消极影响，在张家口站设置南北两个广场，车站下方设置贯穿车站南北区域的"城市通廊"，并通过配套市政交通及轨道交通，实现南北城区无缝衔接，重塑城市空间。

◎ 3.4.3　整体规划，打造综合枢纽

2016 年 6 月，张家口市提出建设张家口站综合交通枢纽的需求。张家口站位于张家口市

主城区以南，其北侧直面老城区，南侧为开发区，建成后的张家口站将成为城市南北发展的重要节点和连接城市南北的关键纽带。而且张家口市位于京津冀经济圈和冀晋蒙经济圈的交汇点，通过构建高质量服务水平的综合客运枢纽系统能够将张家口和周边省市、京津冀及晋冀蒙地区紧密联系起来，将对张家口市的社会经济发展具有重要战略意义。

因此，依托京张高铁引入张家口铁路地区的站位及站型布置，对张家口站区域进行整体设计，从路网结构及功能定位方面进行全面规划，规划上采用"一轴、三心、两区"的规划结构。由于张家口地区是"八纵八横"通道中京兰通道、京昆通道北路的交汇点，在国家铁路网中具有重要作用，同时张家口站也是城市居民出行的重要交通节点。在货运外迁工程变更设计中，考虑日益增长的高铁客流，为突显张家口站客运枢纽功能，将张家口站货运功能搬迁至张家口南站，增加客运到发线规模：高速场设6条客车到发线，普速场设4条客车到发线；南侧增设基本站台，并将车站南侧车辆段进行搬迁，为打造南站房、公交及长途客运站提供便利，最终将张家口站打造为大型铁路客站。

随着张家口站客流及始发终到车的增加，为满足集中客流到发的快速转运，张家口站预留城市轨道交通引入条件，主要包括：在车场布置时修建北侧地铁站台及车场下方框架结构，预留城市轨道交通1号线、2号线引入条件。作为张家口市交通枢纽新地标，张家口站将同时满足高铁、普铁、长途、公交、出租车、旅游大巴、航空大巴等换乘需求，对城市发展起到巨大促进作用。张家口站综合交通枢纽平面示意图如图3-9所示。新的规划优化了张家口市的交通功能结构，提升了其城市服务功能，强化"站城融合"局面，提高城市综合服务水平，还进一步拓展了城市布局，有利于提升张家口市未来发展空间，为后奥运时期城市发展提供完备的服务支撑。

图3-9　张家口站综合交通枢纽平面示意图

张家口站作为京张高铁、大张高铁、张呼高铁、京包铁路的交汇点,成为华北片区重要的交通枢纽,并通过进入"首都 1h 交通经济圈",成功实现京张一体化并连同周边省市、京津冀及晋冀蒙地区,张家口站为各地区之间经济合作、旅游往来、资源互换、文化交流提供了便捷的共享平台。

3.4.4 异站过渡,符合总图规划

1)张家口站设计方案

既有张家口站为区段站,一级二场站型,有到发线调车线 19 条,另有 8 条专用线接轨,承担既有京包铁路客、货运作业。

京张高铁施工图设计中,张家口站按高、普速分场布置,高速场设 4 台面 6 线(含正线 2 条);普速场设 3 台面 14 线(其中正线 2 条),承担张家口地区内高速客运及普速客、货运作业。

2)张家口站施工方案

(1)张家口站同站过渡方案

既有张家口站办理普客 33 对 /d(其中通过车 27 对 /d),货车 100 对 /d(其中 89 对 /d 直通货车乘务组换班作业在张家口站办理),另有 8 条专用线接轨。张家口站若采用同站过渡,需要考虑:

①张家口站仍承担京包铁路上客货列车及调车作业需求。根据铁路站场与枢纽设计相关规范以及运营部门调查资料,33 对 /d 客车始发终到及停站作业至少需要 3 条客车到发线及 1 条普速客车存放线;89 对 /d 货物列车乘务组换班作业需要 4 条货车到发线;11 对 /d 货车始发终到作业需要 3 条货车到发线,调车作业及专用线取送车作业需要 2 条到发线。因此,张家口站同站过渡时,为保证车站正常运营,至少需要 3 条客车到发线、10 条货车到发兼调车线(含客车底存放线)。

②施工过渡方案应按京张高铁张家口站设计方案,分期过渡。

③需要保证既有铁路运营安全,满足施工作业需求。

基于此,结合张家口站设计方案,车站改造工程需要分三大步、由南向北依次施工,每步分别停用大约三分之一既有线路,张家口站同站施工过渡方案示意图如图 3-10 所示。

第一步:利用既有(1)~(17)道,满足京包铁路运输需求,修建南侧 5 条货车到发线及 4 条调车线。

第二步:利用既有(1)~(7)道满足客车运营,新建成的 9 条到发线满足货车运营,满足京包铁路运输需求,修建车场中部普速客车场。

第三步:利用建成新建普速场 14 条到发线满足京包铁路客货运输需求,修建北侧高速场。

张家口站同站施工过渡方案中,第一步与第三步施工时,施工的各种线路均位于车场外侧,施工场地条件好,均能保障京包铁路运输需求及运营安全。但第二步施工时,两侧的京包

正线及车站到发线均处于运营状态，夹心地可利用最宽仅47m，施工运输道路受限，且临时便道转弯半径小，大型机械使用不便、作业效率低，需要的施工工期长。因此，张家口站同站施工过渡方案，施工难度大、工期较长，若采用该方案，其将成为京张高铁控制性工程。

京张高铁开工建设后，张家口市提出修建南北站房及建设综合交通枢纽，并与京张高铁同期建设的要求。张家口站综合交通枢纽效果图如图3-11所示。

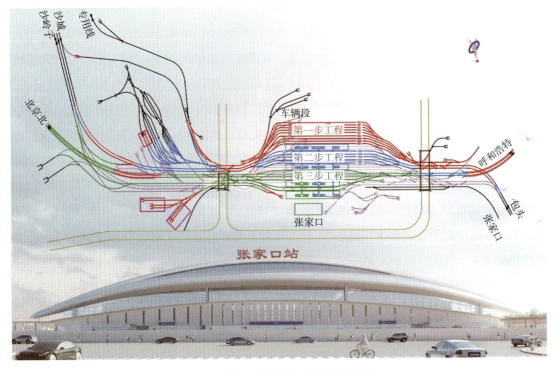

图3-10 张家口站同站施工过渡方案示意图

图3-11 张家口站综合交通枢纽效果图

张家口站站房采用南北站房、高架候车形式，车场下设沟通南北的城市地下通廊（地下9m），预留与车场同层布置的东西向地铁L1线接入条件，以及南北方向下穿车场的地铁L2线框架结构（地下16m）。若继续采用同站施工过渡方案，高架候车室建设工程及地铁深基坑工程，使得第二步过渡中施工场地更加狭小，将进一步加剧既有线施工的风险，施工工期更是难以保障。为满足张家口站综合交通枢纽建设要求和2019年底京张高铁开通运营要求，只能考虑京包铁路客货运调整至张家口铁路地区其他车站作业的过渡方案。结合地区内既有车站情况，研究了同站过渡、部分作业外迁方案和异站过渡方案。

（2）同站过渡、部分作业外迁方案

为避免同站过渡方案中，第二步于两侧线路均运营的夹心地中施工，受施工场地狭小、施工效率低、施工周期长，无法满足京张高铁开通时间的影响，必须将同站过渡的三步施工方案改为两步过渡方案。若在张家口站施工期间，保留京包铁路客运作业及专用线作业，需将机车乘务组换班作业及调车作业移至他站（沙岭子站）作业。在此基础上按普速车场、高速车场进行倒边施工。

同站过渡、部分作业外迁方案如图3-12所示。

从运输安全分析：京张高铁建设中，张家口站保留客运作业，车站需保留部分站房及客运设施。但张家口站建设南北站房、沟通城市的南北通道及车站站改等工程，旅客进出站不仅对站房及客运设施工干扰较大，而且需要投入较大的人力、物力来保证安全。

从地理位置分析：沙岭子站距离张家口站只有十多千米，距离市区较张家口铁路地区内其他车站近，交通方便，所以，沙岭子站承担张家口地区直通货车乘务组换班作业地理位置存在优势。

从车站规模分析：既有沙岭子站为京包铁路上的中间站，距离张家口站约10km，车站既有到发线9条（含正线2条），其中1、2道为正线，3道为上行到发线，4道为下行到发线，5~8道及10道为到发线兼调车线，有效长满足850m。沙岭子站接轨大唐电厂、军专线及货场专用线，年发送130万t及到达300万t，沙岭子站已不办理客运作业，主要办理货物列车到发及专用线取送作业。根据现场实际运营情况，既有到发线9条（含正线2条）满足现场作业需求，尚有一定富余。但沙岭子站站房同侧仅有1条客车到发线，不能满足上行机车乘务组换班作业需要，为了减少下行直通车接入站房对侧到发线对京包正线切割，形成能力控制点，需要在沙岭子站站房同侧增设2条到发线。

从工程建设条件方面分析：沙岭子站周边房屋密集，增设到发线拆迁房屋较多，征拆实施难度大，该方案投资约为10946万元。

从车站在铁路总图中的性质分析：张家口铁路地区总图规划中，沙岭子站为中间站，有沙张三线和京包正线接入，承担京包铁路普速客车停站作业和货车越行作业、专用线货车到发及货场取送车作业。京张高铁开通后，机车乘务组换班作业改至张家口铁路地区技术作业站，沙岭子站仍然作为京包铁路上的中间站，过渡工程增设的到发线等工程，在张家口站改造完成后将不再使用，造成浪费。

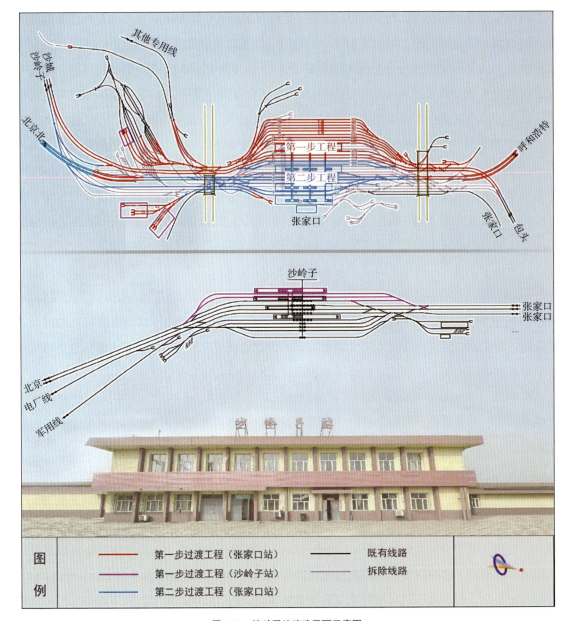

图 3-12 沙岭子站改建平面示意图

综上所述，同站过渡、部分作业外迁方案，张家口站客运作业仍然影响施工，而且施工过渡工程中建设的到发线在京张高铁开通后不能有效利用，无法实现永临结合。张家口铁路地区从总图规划及地方规划层面，仍然需扩建张家口南区段站，建设相关的联络线。所以，结合张家口铁路地区总图规划，研究在技术作业站增设过渡所需的相关工程，做到永临结合是适宜的。

（3）异站过渡方案

①异站过渡车站分析。

张家口地区主要的中间站有孔家庄站、沙岭子站、张家口南站。其中，孔家庄站为京包铁路、唐包铁路（由张唐铁路及张集铁路组成）交汇的车站，车站周边房屋密集、车站作业量大，车站改造施工复杂、征拆量大；沙岭子站站坪受限，过渡工程站改将引起京包铁路改造，工程代价大。两车站均无法满足张家口站货运转移的需求。地区内张家口南站规划为区段站，过渡工程在张家口南站建设的设备能与铁路总图规划相结合，过渡工程能够实现永临结合，不会造成浪费。因此确定张家口南站承接施工期间张家口站外迁的作业。由于过渡工程需修建张家口南站至沙岭子站联络线，如果仅将货运作业移至张家口南站，在增加较多投资情况下，张家口站同站过渡工程仍旧复杂，且远期仍需改造张家口南站。从优化张家口站施工条件及避免车站重复改造的角度出发，确定张家口站全部客、货运作业过渡至张家口南站方案。以工程的永临结合为前提，为实现张家口站客货列车临时转移至张家口南站，需要修建相关联络线。

京包铁路客、货运列车移至张家口南站过渡，需打通孔家庄经张家口南至沙岭子站的通路。由于唐包铁路刚开通不久，张家口南至孔家庄站段能力富余较大，满足京包铁路上的客货列车利用该段运行，过渡期间可不建设张家口南至孔家庄站段线路，只需修建沙岭子至张家口南站上下行联络线，并扩建张家口南站。

②实施方案。

张家口站建设期间的过渡方案，需修建沙岭子至张家口南站上下行联络线，京包铁路客货运作业全部改在张家口南站办理，引起张家口南站扩建工程。

a. 张家口南站扩建方案。

张家口南站既有到发线8条（含正线2条），到发线有效长1700m，主要承担唐包铁路上货车及通过越行作业。唐包铁路开通初期，运营列车对数较少，无调车作业。张家口南站为张家口铁路枢纽总图中规划的区段站。

由于京包铁路牵引质量5000t与唐包线牵引质量、到发线有效长相差较大。如果利用唐包场到发线办理其货物列车作业，需在唐包场到发线中间增加腰岔，但该方案中，京包铁路货车进行调车作业，需要切割唐包线正线。远期，唐包铁路运量增加后，行调交叉存在安全隐患，需要修建京包车场，造成工程浪费。因此，张家口南站改建方案应建设京包车场，调车场预留进一步改扩建条件，待修建物流基地时实施。京包铁路客货列车移至该站作业后，车站实现客货列车到发、乘务组换班作业、调车作业及客车车底存放的需求，需要新设5条到发线及4条调车线（同时利用既有唐包铁路部分到发线），设置机务折返段及站修所各1处。

b. 联络线方案。

为实现京包铁路客货列车绕行张家口站，经孔家庄、唐包铁路、张家口南站及沙岭子站转入京包铁路，需要修建沙岭子至张家口南站上下行联络线、张家口南西咽喉京包场至唐包场场间联络线；为实现京包下行客货运列车在唐包场作业及京包场作业的客货运列车向上行方向发车，需要修建张家口南站东咽喉场间联络线。

沙岭子至张家口南联络线示意图及张家口南站及联络线平面示意图如图3-13、图3-14所示。

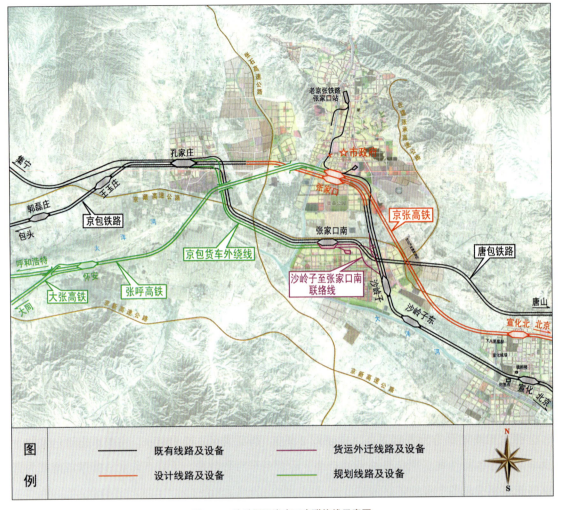

图 3-13　沙岭子至张家口南联络线示意图

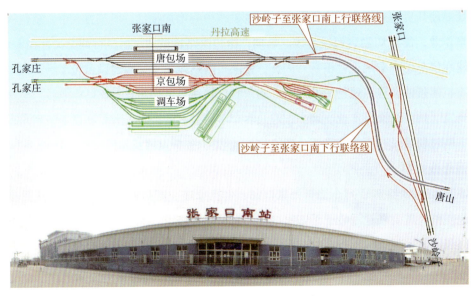

图 3-14　张家口南站及联络线平面示意图

3）工程建设实效

张家口货运外迁工程实施后，张家口站施工期间京包铁路 33 对/d 客车及 100 对/d 货车作业由张家口站转移至张家口南站办理，张家口站仅剩专用线取送车、机务段整备等少量作业，为保障张家口站建设及张家口市打造综合交通枢纽创造了良好的条件。在京张高铁开通后，普速客车回迁至张家口站办理作业，大部分货车仍利用修建的货运外饶线路运行，初步实现了货运列车绕避城区，减少了货运列车运输对城区内的污染。届时，张家口站主要办理客运作业，高普集中，车站距离城区近，百姓出行方便，社会效应良好；张家口市围绕高铁站在车站南侧规划打造高铁新城，车站的建设将引领城市发展。

CHAPTER 4
第 4 章

服务冬奥，崇礼铁路及延庆支线
SERVING THE OLYMPIC WINTER GAMES CHONGLI RAILWAY AND YANQING BRANCH LINE

崇礼铁路和延庆支线作为京张高铁的两条支线铁路，是北京 2022 年冬奥会重要的交通配套设施，根据索契与平昌冬奥会铁路设施车站选址经验，服务冬奥的选线布站应将铁路规划与冬奥规划相结合，综合考虑城市规划、赛场分布、客流特征等因素，遵循运营时分短、工程投资经济、规划衔接顺畅、交通接驳便利的设计理念。

崇礼铁路的接轨站方案，结合运营时分、沿线地形、环境敏感点以及厂矿企业等因素，进行方案比选，最终采用下花园北站接轨方案，该方案运营距离短，可满足冬奥会运营时分需求。对于冬奥会站址选址，尊重自然，适应与周围山势，根据冬奥会客流和其他客流的需求特征，选用了冬奥会赛区内的太子城站站址，并且综合考虑安全和便捷，选择了地面敷设的车站设置形式。

延庆支线的建成将拉近延庆区与北京主城区的距离、实现快速便捷的通勤、方便冬奥会期间运动员的出行，结合工程投资和施工难度进行方案比选，推荐的线路走向为：延庆支线上、下行联络线由八达岭西线路所引出，下行联络线直接进入延庆站，上行联络线与既有康延线贯通，康延线改为设东红寺线路所接入延庆支线下行线。结合既有延庆站所处位置，提取"山水"的传统文化特质，立意"高山流水"，对车站进行升级改造。

4.1 现状需求与远期预测

京张高铁设有崇礼铁路和延庆支线两条支线铁路，线路示意图如图 1-4 所示。京张高铁延庆支线从京张高铁八达岭西站开始，到延庆站结束，全长 9.3km，将延庆区纳入北京 30min 经济圈。崇礼铁路（也称崇礼支线）自京张高铁下花园北站引出，止于崇礼区太子城站，全长 52.84km，是京津冀地区城际铁路网的重要组成部分。

4.1.1 崇礼区情况分析

崇礼区位于河北省西北部，张家口市中部，旅游文化资源丰富，是河北省著名的滑雪旅游胜地，建成有万龙、长城岭、多乐美地、云顶乐园等多个滑雪场，已连续举办了十一届崇礼国际滑雪节。一方面，崇礼区被确定为冬奥会雪上项目举办地，给崇礼区带来无可限量的发展机遇；另一方面，京津冀协同发展上升为国家战略，给崇礼区的职能结构和区域衔接提出新要求。根据崇礼区 2014—2030 年的城乡总体规划，崇礼区发展定位为以冰雪旅游与冰雪运动为特色的国际化生态城市，城市性质为国际滑雪基地、生态旅游城市，休闲旅游业发展在区域经济发展中占有战略核心地位。

因此，崇礼铁路初期以服务崇礼地方客流和旅游客流为主，随着崇礼铁路进一步向锡林浩特延伸，近、远期其还将承担锡林郭勒盟快速进京的通过客流。

1）冬奥会期间客流构成分析

（1）崇礼赛区观众量主要特征

崇礼赛区分布有古杨树冬季两项滑雪场、桦林东滑雪胜地、云顶滑雪度假村、太舞滑雪胜地、万龙滑雪场等场馆，拥有观众座席 25000 人、观众站席 20000 人。根据比赛项目赛程安排，崇礼赛区全程观众总量 70 万人次，其中高峰日观众量 6 万人次。观众来源中，京津地区占比最大，约占 65%，高峰日观众量为 3.9 万人次，其次是张家口地区，约占 35%，观众量为 2.1 万人次。为分析方便，进一步将张家口地区观众分为张家口市区、沙张沿线（沙城—张家口铁路沿线）、崇礼城区 3 个部分，观众量则分别约为 1.05 万人次、0.4 万人次、0.65 万人次。

根据现阶段冬奥会赛事安排，崇礼赛区高峰日当天将举办 6 项赛程：跳台滑雪、女子冬季两项、男子冬季两项、女子滑雪、男子自由式滑雪、女子滑雪，根据赛程时间分布，预测高峰日观众分布情况，如表 4-1 所示。

崇礼赛区高峰日赛程及观众数（单位：人次） 表 4-1

序 号	项 目	时 间 段	观 众 数
1	跳台滑雪	21:35—23:25	10000
2	女子冬季两项	19:10—20:00	10000
3	男子冬季两项	21:00—21:50	10000
4	女子滑雪	10:00—11:40	7500
5	男子自由式滑雪	19:30—20:00	7500
		21:00—22:50	7500
6	女子滑雪	13:30—15:00	7500
合计			60000

（2）交通方式选择

崇礼赛区对外交通方式主要有铁路和公路，铁路为京张高铁和崇礼铁路，公路则主要有京新高速公路、张承高速公路、京北公路等。京张高铁、崇礼铁路具有旅行速度快、旅行时间短、整体票价低等优势，符合赛场观众对交通方式的选择需要，是主要观众来源地至崇礼赛区首选的交通方式。

（3）分方式观众客流分配

根据预测分析，冬奥会期间崇礼赛区最大观众量为 60000 人次 /d，其中由铁路承担的旅客量为 42500 人次 /d，北京方向、张家口方向、崇礼分别为 35000 人次 /d、3500 人次 /d、4000 人次 /d；其余主要由公路承担或就近居住。高峰时段客流量为 16000 人次 /h，其中铁路承担客流 11400 人次 /h，北京方向、张家口方向、崇礼分别为 8400 人次 /h、1200 人次 /h、1800 人次 /h；其余主要由公路承担或就近居住。崇礼赛区分方式观众客流分配如图 4-1 所示。

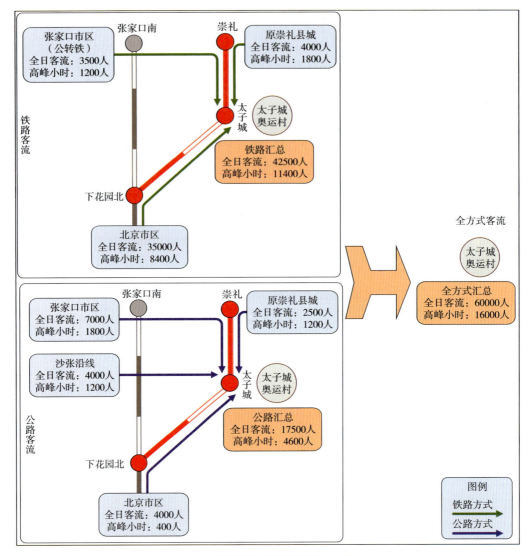

图 4-1 崇礼赛区分方式观众客流分配图

（4）分时段客流分布

根据崇礼赛区场馆分布和赛程安排，全日客流量分布总体呈现分散到达、集中返程的特点。如图 4-2 所示，下花园北—太子城方向客流高峰时段在 18:00 以后以及 11:00—12:00；太子城—下花园北方向客流高峰时段在 20:00 以后，并持续到 24:00。如图 4-3 所示，太子城—崇礼和崇礼—太子城方向客流高峰时段均集中在 18:00 以后。

总的来说，冬奥会期间，铁路承担的客流具有时间短、强度大、要求高和高峰时段聚集性强的特点。冬奥会期间，崇礼铁路客流主要形成早晚两个高峰，早高峰 8:00—11:00，晚高峰 21:00—24:00，高峰时段客流约占客流总量 50%～70%。崇礼铁路建成后，冬奥会期间主要以承担崇礼赛区观众客流为主，观众来源中，京津地区占比最大，约占 65%，其次是张家口地区，约占 35%。

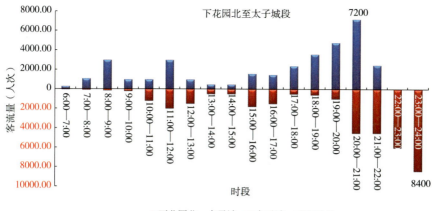

图 4-2 崇礼铁路下花园北至太子城段全日分时段客流量分布图

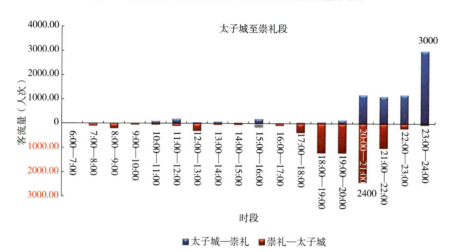

图 4-3 崇礼铁路太子城至崇礼段全日分时段客流量分布图

2）近、远期客流构成分析

（1）旅游客流预测

崇礼区森林茂密、气候凉爽，以夏季避暑和冬季滑雪为主的生态旅游业具有广阔的发展前景。崇礼区2014年接待旅游203万人次，同比增长28.6%；2015年接待旅游277万人次，同比增长38%，详见表4-2。其中以冬季滑雪为主的冬季旅游占据主要市场地位，占全年旅游的73%；以夏季避暑观光为主的夏季旅游占全年旅游的27%。根据崇礼区旅游统计资料显示，近年崇礼区游客主要来自京津冀，占比例76%，其他城市24%。

崇礼区2006—2015年游客接待统计数（单位：万人次）　　表4-2

年份	2006年	2007年	2008年	2009年	2010年	2011年	2012年	2013年	2014年	2015年
冬季	27.1	32	37.2	45.4	59.2	75.4	92.1	114.9	—	—
夏季	12.9	15.4	13	14.6	23.8	30.6	32.9	42.7	—	—
全年	40	47.4	50.2	60	83	106	125	157.6	203	277

预测 2025 年滑雪旅游总人数为 600 万人次，其中位于崇礼区滑雪资源区 335 万人次，占比 56%。而且随着 2022 年冬奥会的举行，崇礼区旅游资源还将不断开发。研究年度预测崇礼区近、远期旅游客流分别为 450 万人次、600 万人次，其中滑雪旅游人数分别为 340 万人次、460 万人次，占比分别为 75%、77%。

（2）本地出行客流预测

崇礼区规划近、远期全县人口分别为 20 万人次、25 万人次，按照全方式出行率分别为 10.5 人次/年、11 人次/年测算，近、远期本地出行客流分别为 210 万人次、275 万人次。

（3）主要站旅客发送量及最高聚集人数

根据全区旅游和本地出行客流预测，考虑不同出行交通方式之间的竞争，结合宏观方式结构指导，采用定性和定量相结合的方法，分析得出崇礼区铁路客流预测结果，见表 4-3。

崇礼区铁路客流预测结果表（单位：万人次） 表 4-3

分　类	客流总量		铁路承担份额（%）		铁路客流量	
	近期	远期	近期	远期	近期	远期
旅游客流	450	600	26.7	26.7	120	160
本地客流	210	275	11.9	10.9	25	30
合计	660	875	22.0	21.7	145	190

根据太子城站和崇礼站的客运功能分工，太子城站主要承担太子城奥运村旅游客流，兼顾奥运分城本地客流；崇礼站主要承担本地客流，兼顾部分中转旅游客流，预测近、远期太子城站年旅客发送量分别为 120 万人次、160 万人次，崇礼站年旅客发送量分别为 25 万人次、30 万人次，详见表 4-4。

主要站旅客发送量及最高聚集人数表 表 4-4

车　站	年旅客发送量（万人次）		高峰小时人数（人次）	
	近期	远期	近期	远期
太子城	120	160	600	800
崇礼	25	30	200	250
合计	145	190	800	1050

（4）区段客流密度

汇总路网分流、转移和诱增客运量预测，得到崇礼铁路全线区段客流密度，见表 4-5。

总体来说，随着冬奥会的举办和开展，奥运场地的客流量进一步提高，运用运营宣传等手段提高奥运场地曝光度，并逐步开发滑雪等多个奥运项目旅游资源，可培育壮大该地旅游客流。

崇礼铁路全线区段客流密度、旅客列车对数汇总表　　　　表 4-5

主要区段	区段客流密度（万人次/年）		客车对数（对/d）		
	近期	远期	冬奥会	近期	远期
下花园北—太子城	320	440	50	23(10)	35(14)
太子城—崇礼	200	290	24	16(10)	26(14)
崇礼—正蓝旗	120	200		11(5)	20(8)

注：旺季（淡季）对数，本表包含崇礼全线及崇礼至正蓝旗铁路。

崇礼铁路近期以承担崇礼区对外旅游客流为主，兼顾本地居民出行需要；远期作为内蒙古锡林郭勒盟进京快速客运通道的组成部分，还将承担一部分锡林浩特方向至北京方向的通过客流。

◎ 4.1.2 延庆区情况分析

延庆区隶属北京市，地处北京市西北部，东邻怀柔区，南接昌平区，西与河北省怀来县接壤，北与河北省赤城县相邻，城区距北京德胜门74km。延庆区生态职能为：北京市的后花园、西部生态屏障的重要一环，重要水源保护地，保障首都城市生态安全的关键区域，西部发展带中的生态型城市发展区。经济职能为：京津冀北区域经济发展的重要节点，北京联系西北的空间枢纽和产业纽带，农业循环经济的重要示范区，最具特色的体验旅游和休闲旅游区，服务北京国际大都市的科研、艺术创意型产业新区。文化职能为：历史文化名城的重要组成，集中众多著名风景名胜区的历史悠久的文化大县，促进首都对外交往事业的重要组成。

因此，延庆支线主要服务于延庆区的旅游、工作、上学、探亲、就医等客流。

1）冬奥会期间客流构成分析

（1）客流结构

冬奥会期间延庆支线客流主要由冬奥会客流、旅游客流（冬奥会之外的旅游客流）、本地客流三部分组成。

①冬奥会客流。

俄罗斯国家滑模中心、玫瑰庄园极限运动中心两个场馆与延庆类似，两个场馆容纳人数为1.9万人。考虑中国国情，预测延庆冬奥会场馆容纳规模为索契冬奥会类似场馆的2倍，容纳人数为3.8万人。再考虑冬奥会期间的服务工作人员，按照10%比例计算。预计延庆冬奥会客流总规模为4.2万人，详见表4-6。

延庆小海陀滑雪中心及雪橇雪车中心的观众客流高峰日，有5天都可达到2.4万人次，分别在2月7、11、15、16、19日（图4-4）。以2月15日（比赛第13日）的分时段观众入退场情况为例，观众出入场分别有3个高峰时段，其中12:00—14:00观众出入场高峰叠加，形成全日客流最高峰。

延庆场馆冬奥会客流预测表　表4-6

索契冬奥会类似场馆容纳观众人数（相同赛事）（万人）	对比系数（考虑中国国情）	延庆场馆冬奥会预测容纳观众人数（万人）	延庆场馆冬奥会工作人员比例（％）	延庆场馆冬奥会预测客流总规模（万人次）
1.9	2	3.8	10	4.2

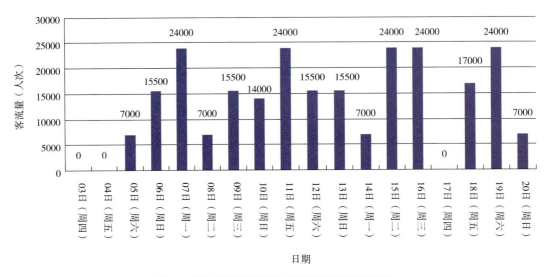

图4-4　延庆小海陀滑雪中心及雪橇雪车中心观众客流

②旅游客流（冬奥会之外的旅游客流）。

根据相关资料，2022年延庆旅游人数（含八达岭）预计约达到2000万人次，按照重复计算系数2.2折减，旅游人数达到900万人次，日客流约为1.2万人次。

③本地客流。

2013年延庆区常住人口为31.6万人，扣除旅游客流延庆区对外（延庆至北京）出行量约为1000万人次/年，日客流量达到2.7万人次/日；预测2022年通勤客流日均达到3.29万人次/日。

综上分析，预测2022年冬奥会期间延庆至北京方向客流为10万人次/d，冬奥会客流占42.08%，旅游客流占24.82%，本地客流占33.10%，详见表4-7。

冬奥会期间（2022年）客流构成表　表4-7

项　目	单　位	冬奥会客流	旅游客流	本地客流	合　计
客流量	万人次/d	4.2	2.5	3.29	9.93
客流构成比例	％	42.08	24.82	33.10	100

注：旅游客流为冬奥会之外的旅游客流。

（2）冬奥会期间延庆支线运量

冬奥会期间，延庆支线将承担冬奥会（主要为观众、服务工作人员）大部分客流。按照铁路承担冬奥会客流50%、承担旅游客流20%和本地对外出行客流占15%计算，预测2022年北京冬奥会期间，铁路承担客流量3.08万人次/d，详见表4-8。

2022年北京冬奥会期间铁路承担客流表　　　　　表4-8

项目	单位	冬奥会客流	旅游客流	本地客流	合计
铁路承担份额	%	50	20	15	31.0
铁路承担客流量	万人次/d	2.09	0.49	0.49	3.08

（3）客流时间分布

冬奥会期间延庆支线客流形成早晚两个高峰，早高峰在7:00—10:00，晚高峰在21:00—24:00。如图4-5所示，早高峰最大客流为6420人次/h，晚高峰最大客流为6600人次/h，高峰时段客流约占客流总量50%～55%。

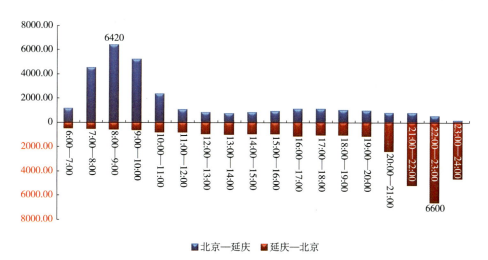

图4-5　延庆支线客流时间分布图

2）近、远期客流构成分析

延庆支线近、远期吸引客流主要是延庆区的旅游、工作、上学、探亲、就医等客流。随着延庆及周边地区经济的快速发展，以及产业布局、产业结构的进一步优化，延庆地区交通出行总量和规模将保持较高的增长速度，运量结构将发生新的变化，运输需求面临着新的形势。结合八达岭长城景区客流预测结果，以及延庆与北京市区之间通勤客流服务频率要求，为充分满足延庆、八达岭长城景区与北京市区之间市郊、旅游客流需求，近、远期分别开行延庆至北京北站24对/d、30对/d动车组。

4.2 影响因素与设计思路

4.2.1 延庆区城市规划影响京张高铁支线设计

1）延庆区规划

（1）发展定位目标

延庆区的发展定位核心概括为：首都生态涵养重地、国际旅游休闲名区、现代生态宜居新城。以生态涵养和环境建设为前提，加强首都重要水源地的保护和西北部生态屏障的建设；积极保护挖掘历史文化和风景名胜资源，塑造地域文化特色，发展包括旅游休闲商务在内的高端服务业、生态友好型工业、都市型现代农业，努力构建循环经济产业模式；建设辐射区域的京西北交通枢纽和物流基地；充分尊重和利用山川盆地的自然地理、地貌特征，营造山水相间的组团式城镇发展空间格局，配置覆盖城乡、优质完善的公共服务设施，建设宜居新城的典范。

（2）城镇布局结构

延庆区辖区面积 1993.75km²，现辖 3 个街道、11 个镇、4 个乡，常住人口 34.8 万人。延庆城镇空间布局与生产力布局基本一致，规划形成"一心、一轴、两点"的布局形态。一心指布局结构以延庆新城为中心。两点指发展具有片区带动作用的康庄镇、八达岭镇组团和永宁、旧县镇组团。一轴指康庄、八达岭—新城—永宁、旧县这一发展轴，平原及半山区城镇主要分布在经济发展轴上，轴线上的城镇重点、优先发展。新城和重点镇是其辐射范围内的生长极，要重点发展，同时强调各城镇间的绿化隔离，避免城镇无限制地连片发展。

（3）旅游发展规划

延庆区具有优良的生态环境和丰富的旅游资源，冬季寒冷、夏季凉爽的自然气候，使其赢得了北京"夏都"的美誉。旅游是延庆经济领域中的重要支柱型产业和主导产业，延庆的景区、景点有 30 余处，其中 5A 级一处，4A 级景区 2 处。

根据延庆区的旅游资源分布、旅游产业发展、道路交通改善等条件，延庆区旅游发展的总体目标为：以打造特色旅游休闲目的地为中心，实施政府主导、生态优先、高端培育、集聚发展、区域合作、投资消费双轮驱动六大发展战略，开发以山、水、长城、民俗等地域文化为灵魂的旅游休闲产品，构建大海坨国际山地休闲度假区、环妫河生态休闲区、长城旅游文化创意产业集聚区、东部山区沟域休闲观光区四大旅游板块的空间格局，将延庆建设成为绿色北京示范区和国际一流旅游休闲名区。

2）延庆支线对京张高铁提出的要求

京张高铁满足了远郊新城与中心城区快速通达及适应区域发展的迫切要求。落实好延庆区作为首都生态涵养重地、国际旅游休闲名区、现代生态宜居新城的城市发展要求，完善的交通网络必不可少。延庆作为2022年北京冬奥会三个举办地之一，需要更加完善的交通路网作为冬奥会的重要配套设施。为了缩短北京到延庆的市郊通勤时间，需要延庆区交通运力的提升，延庆区交通形式更加丰富多样，实现高铁、市郊铁路、公交、出租车等多种形式的覆盖，满足不同群众的个性化出行需求。对区域发展来说，建设一条高速铁路可以加快城市群和都市圈轨道交通网络化，提高区域交通通达深度。

4.2.2 奥运赛场分布影响京张高铁支线设计

1）奥运赛场分布

2022年北京冬奥会计划使用25个场馆，将沿北京—延庆—张家口一线，分北京赛区、延庆赛区和张家口赛区3个区域布局竞赛场馆和非竞赛场馆，建设3个相对集聚的场馆群。北京市区北部的奥林匹克中心区，将主要承办冬奥会5个冰上项目；北京市西北部的延庆区，将用作雪车、雪橇大项和滑雪大项中的高山滑雪比赛场地；河北省张家口市崇礼区，将承办除雪车、雪橇大项和高山滑雪以外的所有雪上比赛。

（1）北京赛区

北京赛区共有12个竞赛、非竞赛场馆，其中现有场馆8个、新建场馆3个、临时场馆1个。北京赛区将进行3个大项（冰壶、冰球、滑冰）、5个分项（冰壶、冰球、短道速滑、花样滑冰、速度滑冰）、32个小项的比赛。

北京奥林匹克公园是2008年奥运会的重要遗产，2022年将再次成为冬奥会的核心区域，冬奥会25个场馆中的7个位于北京奥林匹克公园范围内。国家体育场（鸟巢）将举办冬奥会及冬残奥会的开、闭幕式，国家游泳中心（水立方）将进行冰壶及轮椅冰壶项目的比赛，国家体育馆将进行男子冰球及冰橇冰球项目的比赛，五棵松体育中心将进行女子冰球项目的比赛，首都体育馆将进行短道速滑及花样滑冰项目的比赛，新建的国家速滑馆将进行速度滑冰项目的比赛。

（2）延庆赛区

延庆赛区共有5个竞赛、非竞赛场馆，将进行3个大项（高山滑雪、雪车、雪橇）、4个分项（高山滑雪、雪车、钢架雪车、雪橇）、20个小项的比赛。延庆赛区的建设将会带动周边地区交通及市政基础设施的建设，为该区域的发展创造条件，其场馆建设也会尽量与环境结合，减少工程量、节省投资。

（3）张家口赛区

张家口赛区（也称崇礼赛区）位于张家口市崇礼区，该区域是中国滑雪产业发展的龙头区，至今已有20年的滑雪产业发展历史，目前正在运营的滑雪场有5个，是中国及周边国家众多滑雪爱好者冬季滑雪休闲度假的目的地。张家口赛区共有8个竞赛、非竞赛场馆，将进行2个大项（滑雪、冬季两项）、6个分项（单板滑雪、自由式滑雪、越野滑雪、跳台滑雪、北欧两项、冬季两项）、50个小项的比赛。冬季奥运会将充分利用现有的滑雪场地设施，并结合现有的云顶滑雪胜地的发展需求，建设云顶滑雪公园A、B场地，以尽可能节省资金。

2）要求京张高铁连接三赛区

绿色低碳公共交通是北京冬季奥运会"绿色奥运"的亮点之一。有必要为北京冬季奥运会建立绿色和低碳的公共交通网络。观众可以使用各种公共交通工具轻松进入现场。在这个交通网络中，京张高铁将北京赛区、延庆赛区和张家口赛区连接起来，能够一小时内直达各赛区，形成快速交通圈。京张高铁与冬奥会赛区关系示意图如图4-6所示。

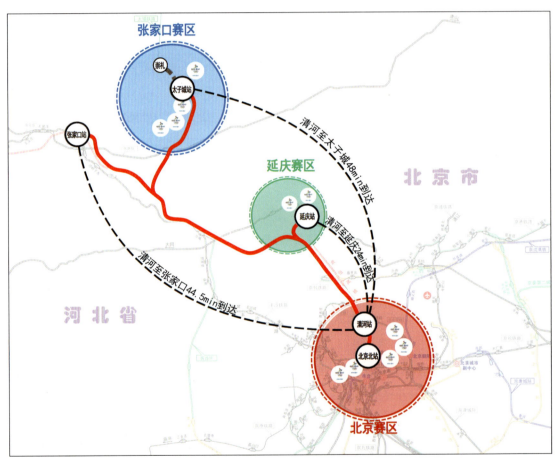

图4-6 京张高铁与冬奥会赛区关系示意图

作为冬季奥运会的主要交通服务，延庆站将在冬季奥运会期间为观众和部分注册人员提供交通转换和服务功能。它还将成为高速列车、城际列车、公交等7种运输方式之间重要转换的京北"交通枢纽"。延庆支线和京张高铁干线有望在北京和2022年北京冬奥会延庆赛区之间提供高效便捷的通道，从而进一步缩短人与奥运之间的距离。作为北京西北部的门户，延庆区在举办北京冬季奥运会的同时，也为其本地冰雪产业高质量发展提供了机会。延庆支线还有望大大减少北京市区与延庆之间的出行时间，将延庆区纳入北京的30min经济圈，并进一步改善支线沿线地区的交通条件，有力带动沿线经济发展。

由于崇礼区作为2022年北京冬奥会雪上项目的承接地，在崇礼区2014—2030年城乡规划中，根据冬奥会项目，依据"整体把握，统筹安排，分区明确，有机联系"的总体原则，以"一心四瓣"为结构宗旨对崇礼区进行城市划分。其中一心指一个中心团体，中心部分构建公共综合服务中心，即建设大型公共基础设施和大型公共活动中心。四瓣指的是围绕"一心"，在"一心"东南西北方向分别建设四个片区，其中东部片区为奥运村片区；南部片区为高端旅游服务片区；西部片区为交通枢纽及旅游服务片区；北部片区为综合旅游服务片区；北侧地块为旅游服务功能，山脚地带做绿地景观和酒店式公寓。

崇礼铁路作为京张高铁的支线铁路，需要服务于2022年北京冬奥会张家口崇礼赛区、崇礼区旅游资源开发和崇礼区南部地区居民出行，并作为京津冀地区城际铁路网的重要组成部分。崇礼铁路将与京张高铁成为从北京到崇礼的最便捷的客运通道，并通过融入首都1h经济圈，对河北张家口一体化的协调发展起着重要作用。而且崇礼铁路延伸到达北方，将成为锡林郭勒从内蒙古到北京的新通道，这对于构建内蒙古东部到京津冀的新型快速客运通道具有重要意义。

◎ 4.2.3 设计思路

根据其他冬奥会的铁路基础设施建设及服务冬奥会车站选址经验，结合服务于北京冬奥会的需求、延庆区的城市定位和发展规划、崇礼铁路的工程特征，崇礼铁路和延庆支线选线布站的设计思路如下。

（1）崇礼铁路及延庆支线接轨站的选择应从运营时分、工程投资、路网规划及道路交通等方面出发，选择运输时分短、工程投资经济、与规划项目衔接顺畅及交通接驳便利的接轨方案。

（2）张家口崇礼赛区是北京冬奥会雪上项目的主会场，结合俄罗斯索契冬奥会的基础设施建设经验，为便于观众及运动员出行及奥运后时期的冰雪产业发展，崇礼赛区车站选址需要靠近奥运村、奥运赛场及崇礼区的现状滑雪场。

（3）延庆赛区主要举办北京冬奥会高山滑雪项目，新建线路直接引入赛场工程难度大、投资高。参考韩国平昌冬奥会的基础设施建设经验，结合延庆区居民日常出行的需求，改造既有延庆支线及延庆站，打造延庆站北侧综合交通中心，通过公路连通火车站及奥运赛场，实现日常与赛时的便捷转运。

（4）充分考虑崇礼铁路作为锡林浩特快速进京客运通道的组成部分、南北向走行的特点，崇礼铁路在冬奥会场馆区域设置车站，既要车站工程可控，还要考虑衔接的线路走向顺直。

在此设计思路的基础上，展开了崇礼铁路接轨站方案、冬奥会站址选择方案、太子城站敷设方案，以及延庆支线线路走向方案、车站升级改造方案等的设计工作。

4.3 经验借鉴与设计启示

4.3.1 2014年俄罗斯索契冬奥会

（1）场馆概况

2014年，第22届冬奥会在索契举行。索契位于俄罗斯联邦克拉斯诺达尔边疆区与格鲁吉亚接界处、黑海沿岸，南北宽40～60km，东西长145km，是俄罗斯最狭长的城市，也是世界上最狭长的城市之一。索契冬奥会共设15个大项、98个小项。赛场有菲施特奥林匹克体育场、波绍伊体育馆、沙伊巴竞技场、冰立方冰壶中心、冰山滑冰宫、阿德勒竞技场、劳拉越野滑雪和冬季两项中心、罗萨·胡特滑雪中心、高尔基俄罗斯跳台滑雪中心、山崎奥林匹克滑行中心、罗萨·胡特极限公园。索契冬奥会主要场馆集中在城市东南侧至边境之间的地区，新建有奥运村、奥林匹克公园（冬奥会开幕式、滑冰、冰壶等场地），并在高加索红波利亚纳地区设置滑雪比赛场地（俄罗斯国家跳台滑雪中心、罗莎自由式滑雪中心、玫瑰庄园极限运动中心）。

（2）铁路设施

俄罗斯联邦铁路为此对索契铁路枢纽客、货运设施进行了必要的改造。旅客运输方面，新建阿德列尔（奥运村）至罗萨胡多尔段47km铁路，全线设置阿德列尔、姆济姆塔、埃斯托·萨多克、罗萨胡多尔共计4站，其中21km为双线区段，姆济姆塔至埃斯托·萨多克为单线，并设置三段各1.5km双插区段（设置三个线路所），统一采用新型雨燕电力动车组，每列雨燕电力动车组按10节编组，阿德列尔至罗萨胡多尔全线均按自动闭塞设计，追踪间隔3min，每日运行72对列车运送8万人次。新建阿德列尔至机场段单线铁路（约2km），线路通过能力按每日48对，平时每日20对客车，按每小时1对运行。另外对阿德列尔火车站进行了配套扩建，新建了奥林匹克公园、奥运村客运车站。货物运输方面，对索契铁路枢纽进行了改造，对内地通往索契的既有铁路进行了扩能改造，并改建了索契铁路枢纽2个货场，总计为冬奥会建设运送了6500万t货物。俄罗斯索契地区铁路示意图如图4-7所示。

4.3.2 2018年韩国平昌冬奥会

（1）场馆概况

2018年第23届冬奥会在韩国平昌郡举行，平昌冬奥会设15个大项、102个小项。该届冬奥会的开、闭幕式以及大部分的雪上运动在平昌郡进行，所有冰上运动在江陵市进行，高山滑雪滑降比赛则在旌善郡进行。平昌和江陵的场馆群详见表4-9和表4-10。

平昌山脉场馆群　　　　　　　　　表4-9

场馆中文名称	场馆英文名称	场　馆　项　目
平昌奥林匹克体育场	PyeongChang Olympic Stadium	冬奥会开闭幕式

续上表

场馆中文名称	场馆英文名称	场馆项目
阿尔卑西亚冬季两项中心	Alpensia Biathlon Centre	冬季两项
阿尔卑西亚越野滑雪中心	Alpensia Cross-Country Skiing Centre	越野滑雪、北欧两项
阿尔卑西亚跳台滑雪中心	Alpensia Ski Jumping Centre	跳台滑雪、单板滑雪、北欧两项
阿尔卑西亚滑行中心	Olympic Sliding Centre	雪橇（无舵雪橇）、雪车（有舵雪橇）、钢架雪车
凤凰雪上公园	Phoenix Snow Park	自由式滑雪、单板滑雪
旌善高山滑雪中心	Jeongseon Alpine Centre	高山滑雪（包括滑降，超级大回转，全能）
龙坪高山滑雪中心	Yongpyong Alpine Centre	高山滑雪（包括回转，大回转）

江陵海岸场馆群　　　　　　　　　　　　　　　　　　　表 4-10

场馆中文名称	场馆英文名称	场馆项目
关东冰球中心	Kwandong Hockey Centre	冰球
江陵冰壶中心	Gangneung Curling Centre	冰壶
江陵冰球中心	Gangneung Hockey Centre	冰球
江陵冰上运动场	Gangneung Ice Arena	花样滑冰、短道速滑
江陵速滑馆	Gangneung Oval	速度滑冰

图 4-7　俄罗斯索契地区铁路示意图

(2）铁路设施

韩国高速铁路采用的高速列车为KTX（Korea Train Express）。自2004年开始，韩国高速铁路先后开通了6条线路。2017年，韩国东北部江原道的江陵线正式开通，这条线路在平昌冬奥会中起到了重要作用。在KTX京江线开通之前，从首尔通过公路前往平昌需要3h以上，经常饱受堵车的困扰；KTX京江线开通后，首尔至平昌只需要110min左右，同时KTX京江线还接连了分散在平昌、江陵与旌善的场馆。

2018年平昌冬奥会期间，开行从首尔仁川机场2号航站楼（T2）—首尔站区间的KTX列车，一站直达江陵，外国游客可以在入境的同时直达冬奥会现场，且仅需2h，方便快捷。冬奥会期间每天有51班京江线KTX列车往返运营，其中仁川国际机场到江陵站需时2h12min，每日16班次；首尔站到江陵站需时1h36min，每日35班次。

京江线上的几个车站覆盖了两个场馆群，离平昌山脉场馆群最近的车站为珍富站，如图4-8所示，直线距离11.8km；江陵站位于江陵北部，距离江陵海岸场馆群约1.2km，从珍富站至江陵站约20min，乘客出行十分便捷。

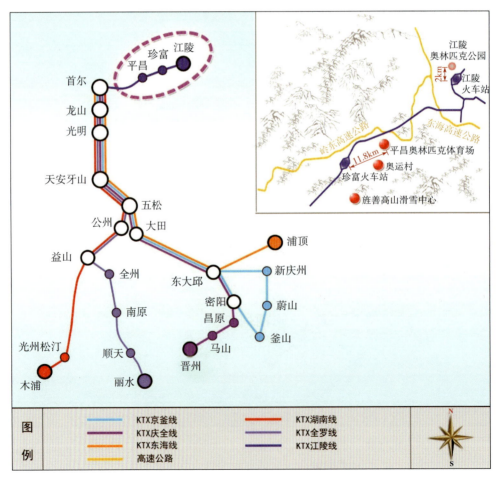

图4-8 韩国KTX线路示意图及平昌山脉场馆群关系示意图

4.3.3 小结

对比 2014 年俄罗斯索契冬奥会和 2018 年韩国平昌冬奥会的铁路设施，可以看出，索契冬奥会是在既有铁路基础上进行改造，同时新建阿德列尔（奥运村）至罗萨胡多尔（滑雪比赛场地）间、至机场间的铁路。铁路车站与比赛场地和奥运村距离都较近，选手和观众在奥运场馆间换乘都较为便捷。但新建的铁路线路为一条尽头的铁路支线，主要是服务于高加索红波利亚纳地区滑雪场，奥运结束后线路的客流情况和旅游季节息息相关。

平昌冬奥会举办期间，将 KTX 线路部分延伸至首尔仁川机场，便于外地旅客到达机场后，直接从机场乘坐 KTX 线至平昌场馆群和江陵站。KTX 江陵线仅在平昌、珍富设站，并未在奥运村附近设站。根据地形图初步分析，可能是奥运场馆位于山区设站条件差、工程投资大等原因。平昌冬奥会开闭幕式，以及一些高山、跳台滑雪项目均在平昌主赛场举办，其所在位置距离珍富站有一定的距离，运动员或观众还需换乘其他交通到达赛场，虽然对于乘客来说，接驳的公交都是免费运行的，但很多高山、跳台滑雪运动员携带的运动器械比较大，下高铁后再换乘很不便利。

综合而言，铁路作为大运量、快速的交通方式，两届冬奥会都尽量在赛区附近设置了铁路车站，方便运动员和观众尽快从机场或全国各地到达赛场。但是基于当时的建设背景、投资能力，以及铁路规划与奥运规划的结合程度，两个国家所建设的铁路在功能定位和技术标准等方面都各有不同。

4.4 设计方案与综合效果

4.4.1 合理接轨，满足运行时分

2022 年北京冬奥会是我国向世界展示的一个平台，北京与张家口赛区主要交通方式需保证快速、安全、环保；冬奥会申办过程中，我国承诺北京城区清河站至张家口赛区太子城奥运村铁路运行时分在 50min 以内。作为 2022 年北京冬奥会的重要交通保障设施，京张高铁及崇礼铁路是连接北京与张家口两市、两赛区的重要交通纽带，承担赛时重要的运输任务。崇礼铁路是京津冀地区城际铁路网的组成部分，作为京张高铁的支线铁路，南接京张高铁，北至冬奥会张家口赛区太子城奥运村，根据京张高铁车站分布、冬奥会张家口赛区规划，结合运营时分、沿线地形、环保以及厂矿企业等因素，可能的接轨方案有宣化北接轨方案与下花园北站接轨方案。两个接轨方案比较示意图如图 4-9 所示。

（1）下花园北接轨方案

线路自京张高铁下花园北站引出，并行京张高铁前行至董家庄上跨京张高铁后，以隧道下穿京藏高速公路北行，上跨既有宣庞铁路，于赵川镇西侧继续北行，至黄土坡东侧上跨唐包铁路，经小白阳至前坝口后，连续设三座隧道越岭至太子城村设太子城站。下花园北至太子城

线路长 52.84km。该方案清河至太子城运营距离 168.4km，运营时分为 49min。

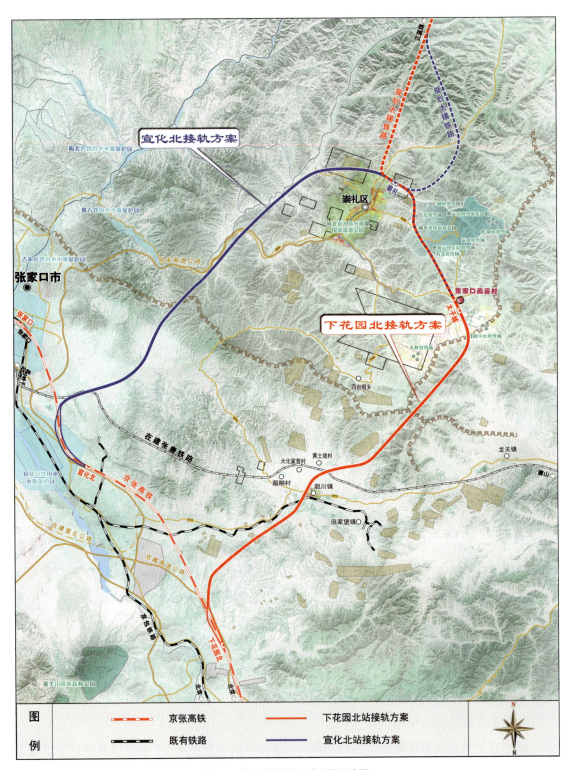

图 4-9　崇礼铁路接轨方案比较示意图

（2）宣化北接轨方案

线路自京张高铁宣化北站引出，并行京藏高速与京张高铁之间前行，至上八里上跨京张高铁后折向北，于定兴堡北侧上跨唐包铁路，以隧道穿过山体至三间房后，并行京承高速公路前行至头道营折向东，设崇礼南站，出站后于三道营跨过 SL74 公路后以隧道穿山体至太子城村设太子城站。宣化北至太子城站线路全长 65.003km。该方案清河至太子城运营距离长 204.4km，运营时分为 54.6min。

（3）综合比选分析

宣化北接轨方案，高铁经过宣化区，有利于该地区旅客至崇礼区出行，但新建线路较长、征拆工程较大、工程投资较高，穿越了清水河国家级湿地公园，运行时分较长（54.6min）。下花园北站接轨方案，接轨条件较好，新建线路较短，工程投资较省，与规划太锡铁路衔接更加顺畅。清河至太子城运行时分仅 49min，满足冬奥会对运营时分的需求，经综合比选后，崇礼铁路选择了下花园北接轨方案。

4.4.2 赛区设站，体现环保理念

（1）奥运村及赛场规划

张家口奥运村为 2022 年冬奥会的中心区域，位于张家口市崇礼区太子城村，规划建设以冰雪为中心的旅游小镇，设计 1730 个房间、2640 个床位。

张家口崇礼赛区主要举行跳台滑雪、单板滑雪、自由式滑雪、北欧两项、冬季两项和越野滑雪等项目的比赛。其中自由式滑雪、单板滑雪在云顶滑雪公园场地 A 及云顶滑雪公园场地 B 两场馆举行，利用既有云顶滑雪场（部分改建），场馆距离太子城奥运村约 5km；跳台滑雪、北欧两项、冬季两项和越野滑雪在冬季两项中心、北欧中心跳台滑雪场及北欧中心越野滑雪场举行，场馆距离太子城奥运村约 3km。

（2）周边滑雪场

崇礼区是以旅游滑雪为核心的精品旅游城市，滑雪资源高度集中，以太子城冰雪小镇为中心，在 10km 半径范围内形成国内最大的雪场集群，北侧为密苑生态旅游度假区、万龙滑雪场及长城岭滑雪场，南侧为崇礼四季文化旅游度假区及多乐美地滑雪场，崇礼铁路与周边滑雪场关系示意图如图 4-10 所示。

密苑生态旅游度假区包含云顶滑雪场、冬季两项中心、北欧中心越野滑雪场等奥运场地，旅游区规划总面积 99.57km^2，旅游区用地布局结构可以概括为"一核三带两环"。"一核"即奥运分城冰雪度假小镇，"三带"主要包括御道文化带、时尚运动带和生态体验带，"两环"是指规划机动车道路所形成的两条主要环线。

崇礼四季文化旅游度假区（太舞滑雪场）规划总面积为 40km^2，旅游区用地布局结构可以概括为"两核三带，绿色基底，组团发展。""两核"即营岔冰雪度假小镇、水泉特色

滑雪小镇。"三带"是指沿机动车路形成的三条主要游览带，总建筑面积约为200万 m^2，总投资200亿元，分三期建设，目前一期工程已开工建设，部分酒店基础及配套道路已基本建成。

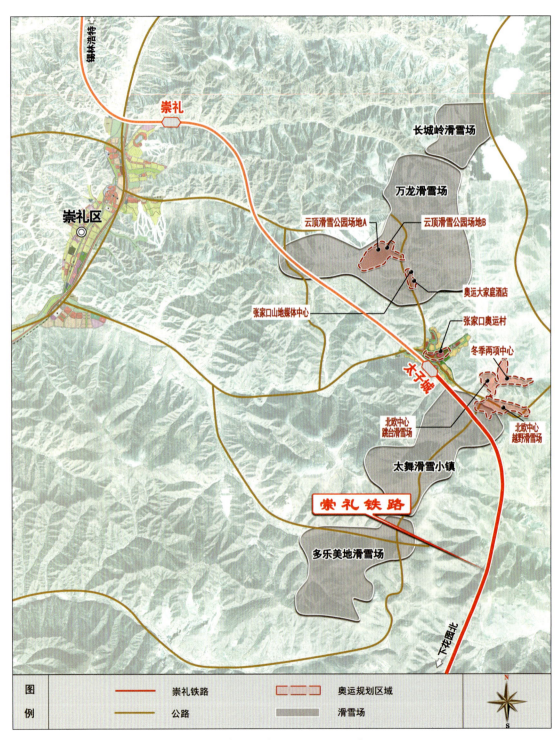

图4-10 崇礼铁路与周边滑雪场关系示意图

（3）太子城站车站选址原则

①崇礼区地形起伏较大，冬天严寒，地形多变、坡陡路滑，道路结冰，在大风大雪天气，运动员及游客出行安全风险大。为便于观众及运动员出行，崇礼区的车站选址应尽可能靠近奥运村，距离各奥运赛场距离应相当。

②崇礼地区为中低山区，地形起伏较大，沟壑发育，部分冲沟切割较深，地势较陡峭，平地较少，可规划用地十分紧张，车站选址应减少对规划地块的占用，为崇礼区冰雪小镇发展预留空间。

③车站靠近赛区的同时也应尽可能地靠近现状滑雪场，为奥运后期带动崇礼区旅游及冰雪产业发展助力。为减少旅客到站后的公路转运距离、提高铁路运输对游客的吸引，高铁站选址宜在周边主要滑雪场的中心地带，距离滑雪场距离宜在 10km 以内，游客可在 15min 以内到达滑雪场。

④崇礼铁路为锡林浩特进京快速客运通道的组成部分，站址选择还应考虑通道线路走向顺直。

（4）车站选址

崇礼区奥运村及周边雪场为 2022 年北京冬奥会雪上项目的主赛场，该地段沟谷狭长，平地少、用地紧张，周边自然环境良好。以太子城奥运村为中心，北侧为云顶滑雪场，东南侧为北欧中心滑雪场，南侧为太舞滑雪场。

根据上述崇礼铁路站址选择的原则，车站站位选择时，从便于观众及运动员出行、利于奥运后冰雪产业发展的角度出发，太子城站应尽量靠近奥运赛场及各滑雪场。考虑城市规划、道路规划及地形条件，既要充分尊重自然环境，减少对周边环境的影响，又要尽量避让既有道路、不占用规划用地、预留冰雪小镇发展条件，车站宜靠近山体以退让规划用地；最后结合锡林浩特进京通道为南北大走向，确定崇礼铁路由南向北进入太子城奥运村区域，太子城站设于奥运村南侧约 0.8km 的山脚下，车站距离密苑云顶滑雪场约 4km，距离太舞四季小镇约 2km。

太子城站将车站与山体充分结合，最大限度让出冰雪小镇发展用地，作为第一个引入奥运赛场核心区的高铁车站，体现了适应环境、环保设站的设计理念。

（5）线路走向

在选定接轨站方案和太子城站站址后，进一步研究确定崇礼铁路的线路走向为：自京张铁路下花园北站西端咽喉引出，上跨京张高铁、京藏高速公路后，于李大人庄东侧预留赵川南站，之后至红庙湾上跨既有宣赵铁路，经赵川镇西侧北行，至黄土坡东侧上跨唐包铁路，经小白阳至前坝口以连续 3 个隧道越岭至太子城村设太子城站，预留进一步向崇礼站延伸的条件。线路全长 52.84km，桥隧比 75%。全线新建太子城站 1 座、预留赵川南车站 1 座。新建崇礼铁路线路走向示意图如图 4-11 所示。

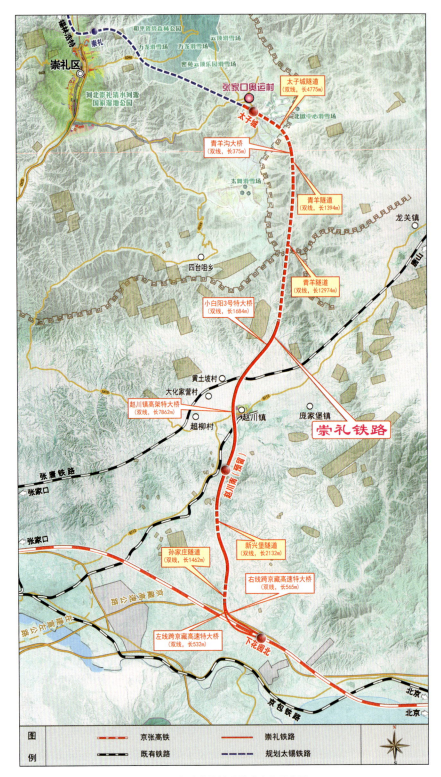

图 4-11　新建崇礼铁路线路走向示意图

4.4.3 地面敷设，综合安全便捷

在崇礼铁路走向及站位确定后，根据奥运赛区整体规划，并结合车站高程对铁路工程的影响，对车站敷设方式分别研究了半地下站方案和地面站方案。

（1）太子城半地下站方案

线路自比较起点引出，以两个隧道越岭，隧道下穿河道及崇礼四季文化旅游度假区道路及地下管线后，于太子城村南侧约 1.3km 处设太子城半地下站。站台范围内采用地下形式，站台外至终点采用路堑形式。比较范围内线路全长 8.258km，桥梁长度 0.709km，隧道长度 6.205km，桥隧比 83.72%。

车站设到发线 2 条、正线 2 条，楼扶梯 4 座；综合工区纵列布置于车站北侧；车站中心轨面高程 1586.61m，站台相对站房高程为 –9.10m，采用半地下线上式站房。进站旅客从广场进入站房一层地面集散厅，安检后乘楼扶梯到二层候车厅检票选择乘车方向后，乘楼扶梯到地下站台层乘车，出站旅客流线反之，即采用"上进上出"进出站方式。具体方案如图 4-12 所示。

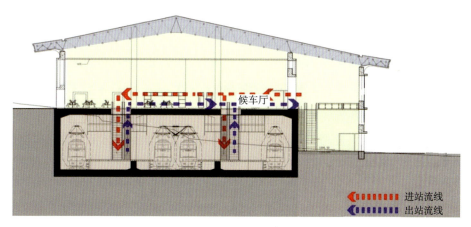

图 4-12　太子城半地下站剖面及流线示意图

（2）太子城地面站方案

线路自比较起点引出，以两个隧道越岭，隧道下穿河道及崇礼四季文化旅游度假区道路及地下管线后，于太子城村南侧约 0.8km 处设太子城地面站。为减少车站挖方，将太子城站站中心位置北移约 520m。该方案车站范围内采用路堑形式，比较范围内线路全长 8.960km，隧道长 6.220km，桥梁长 1.485km，桥隧总长 7.705km，桥隧比例 85.99%。

站房位于线路东侧，车站设到发线 2 条、正线 2 条，8m 宽旅客地道 2 座；综合工区横列布置于车站西侧；车站中心轨面高程 1587.61m，站中心轨顶距高程较自然地面高 6.6m，采用线侧平式站房。进站旅客从候车室大厅通过旅客地道进入站台，出站旅客通过旅客从站台抵达出站厅，即采用"下进下出"进出站方式。具体方案如图 4-13 所示。

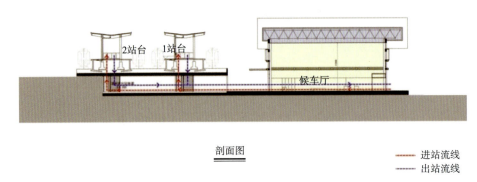

剖面图

—— 进站流线
—— 出站流线

图 4-13 太子城地面站剖面及流性示意图

（3）综合比选分析

设地下站时站台位于地下，冬季不受风雪影响，车站保温条件好；但地下站旅客进出站不便，特殊情况下疏散救援困难，且工程投资较高。崇礼铁路冬奥会期间承担赛时客流，高峰期客流量大，地面站旅客进出站组织更加方便、安全，冬奥会期间临时站房永临结合好，工程投资节省。经综合比选，最终确定太子城采用地面站方案。

（4）太子城站站场设计

奥运期间高峰小时断面客流 8400 人/h，开行客车 50 对/d；近期最大区段客流密度 320 万人次/年，开行客车 23（淡季 10）对/d；远期 440 万人次/年，开行客车 35（淡季 14）对/d。由此可见，崇礼铁路赛时客流远大于近远期客流，车站站型及规模应充分考虑客流的特殊性，既要满足奥运赛时需求，又要考虑简约经济。同时考虑太子城至锡林浩特铁路规划为单线铁路，太子城站为单双线转换车站，客车停靠较多。车站正线临靠站台，奥运期间兼作客车到发线，冬奥会后客流减少可为通过正线，满足客车限速通过。基于此，车站按到发线 4 条（含正线 2 条）、中间站台 2 座、基本站台 1 座的规模设计。这种布置及规模，实现了对股道的最大利用，缩小了站场规模，让车站更加融入周边环境，适应冰雪小镇发展规划。

采用图表法核算车站到发线能力如图 4-14 所示。

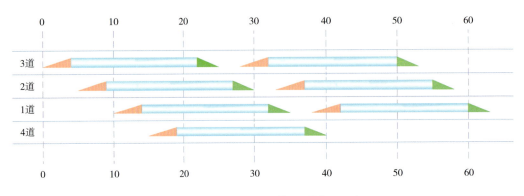

图 4-14 车站到发线能力核算图（单位：min）

为保证崇礼铁路更好地服务于冬奥会，能积极应对突发客流，车站需考虑存车需求，同时为避免造成后奥运时期的浪费，研究将尾部预留正线作为存车线，从而既满足突发客流的存车需求，又减少车站规模，实现永临结合。尾部正线作为存车线后，太子城站高峰小时可办理 9～10 对列车，足以应对奥运期突发客流。

4.4.4 线路走向，平衡多元需求

延庆区地处北京市西北部、八达岭以北，联系延庆区与主城区间的公路主要依靠京藏（八达岭）高速公路、京新高速公路、110 国道，铁路主要依靠市郊铁路 S2 线。北京市郊铁路 S2 线利用老京张铁路及康延线开行的内燃动车组，连通北京北站和延庆站，运行时间约 95min。既有 S2 线运行时间长，受线路条件限制，全天开行列车对数受限，服务质量不高。根据北京市要求，京张高铁北京范围需承担延庆至北京主城区之间的市域客流。京张高铁穿越八达岭长城景区后，自延庆区南侧向西进入河北省境内，因此，首先研究在京张高铁正线上增设中间站，构建延庆区与北京主城区之间的快速通道。

具体方案为：京张高铁以隧道形式穿越八达岭长城景区，并在滚天沟停车场下方设置八达岭长城站（地下站），结合线路走向及平纵断面条件，出隧道后在大浮坨村东侧设八达岭西站，出八达岭西站后继续向西进入河北省境内。八达岭西站位于延庆区南侧，距离延庆区城区 11km，距离既有延庆站 8km。

虽然修建八达岭西站可实现延庆区与北京主城区之间的交流，但八达岭西站距离延庆城区及 2022 年冬奥会赛区均较远，需新修建市政交通配套设施，旅客经铁路运输后还需乘坐较长时间的汽车，难以实现快速、便捷的通勤需求。研究后，延庆区新建客站方案未采纳。

既有延庆站距离城区近，股道规模尚有富余（4 条到发线）。因此，进一步研究自京张高铁修建联络线引入既有延庆站方案；联络线长度 9.3km，还可部分利用既有康延线，延庆站作为城区唯一客站，旅客出行方便，旅行时间短。研究后最终确定修建京张高铁延庆支线方案。

由于八达岭长城站为深埋地下站，延庆支线若从八达岭长城站接轨将产生四线隧道，工程投资高、施工难度大，考虑在新八达岭隧道出口路基段设八达岭西线路所，满足延庆支线上、下行联络线由八达岭西线路所引出，下行联络线直接进入延庆站，上行联络线与既有康延贯通，康延线改为设东红寺线路所接入延庆支线下行线。延庆支线联络线修建后，将拉近延庆区至北京市区间的距离（清河至延庆 26min、北京北至延庆 39min），极大地方便延庆区居民出行及游客到延庆旅游，也为冬奥会期间运动员出行提供方便。延庆支线接轨方案示意图如图 4-15 所示。

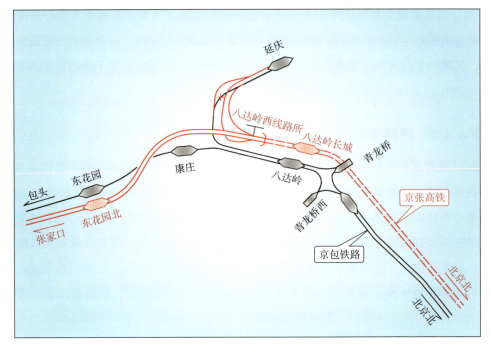

图 4-15 延庆支线接轨方案示意图

4.4.5 车站升级，立意高山流水

既有延庆站位于延庆城区南侧、八达岭高速公路联络线西侧，为康延支线的终点站。车站站房位于正线右侧，尽端式站型，车站既有到发线 4 条（含正线 1 条），有基本站台和中间站台各 1 座，站台之间设有 8m 宽旅客天桥 1 处，车场既有设施简陋。

结合京张高铁引入延庆站的改造工程及北京市将延庆站综合交通服务中心（换乘中心）项目纳为冬奥会重点交通服务配套设施的要求，对延庆站进行提升改造。延庆支线增二线引入延庆站，车站维持 4 条到发线规模不变，咽喉进行改造，站台接长至 450m（满足 16 辆编组动车作业条件），北侧新增 450m×8.0m×1.25m 基本站台 1 座（局部宽 6m），到发线端部设 9m 宽端部站台；站台中部增设 10m 宽旅客进出站地道 1 座，并设与站台等长的雨棚；北侧新建延庆站北站房（含综合交通服务中心）。延庆站平面示意图如图 4-16 所示。

从设计理念和造型上看，延庆站分为"高山"和"流水"两部分。西侧"高山"为 30m 高的 5 层建筑，外形类似一座小山；东侧的"流水"为候车大厅和两层办公区域，楼顶"波浪"起伏，峰谷有秩，银色屋顶犹如一条白色水流，向东蔓延。站房建筑立意取义"高山流水"，提取"山水"的传统文化特质，隐喻以山水之城的姿态来迎接八方来客。既有和新建站房均采用线侧平式，新建车站最高聚集人数 1500 人，站房总规模为 15000m^2，其中地上铁路业务用房面积为 6000m^2。延庆站与外面交通流线示意图如图 4-17 所示。

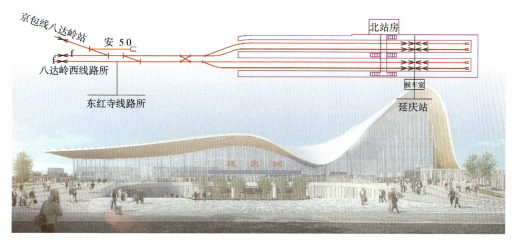

图 4-16 延庆站平面示意图

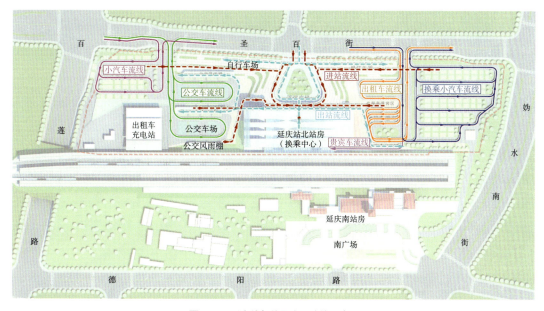

图 4-17 延庆站与外面交通流线示意图

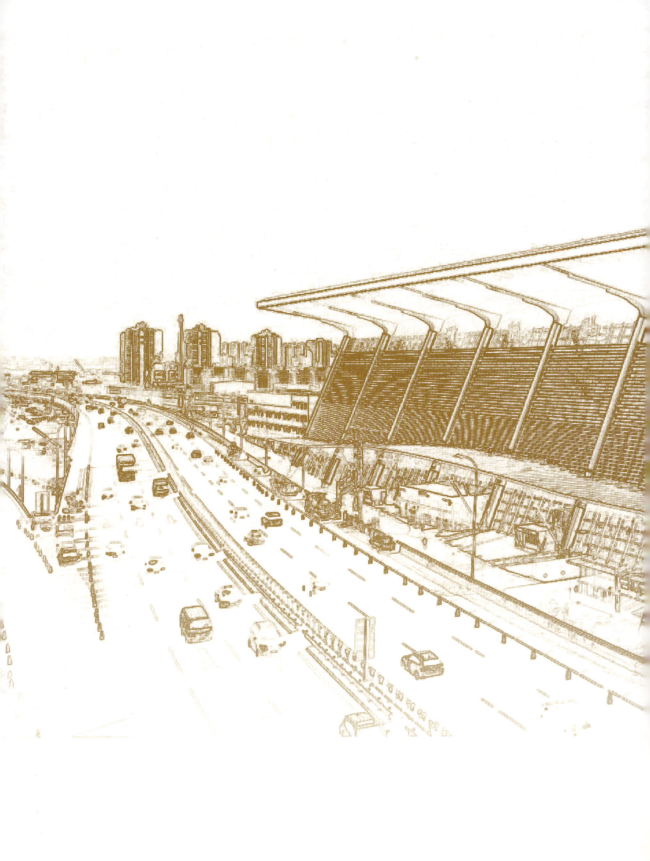

CHAPTER 5
>>>> 第 5 章

百年京张站场的演变
EVOLUTION OF BEIJING-ZHANGJIAKOU RAILWAY STATION AND TERMINAL IN THE PAST CENTURY

站场设计充分贯彻了中国国家铁路集团有限公司提出的"畅通融合、绿色温馨、经济艺术、智能便捷"的铁路客站建设理念，在工程合理前提下，充分考虑了城市现状、人口分布、城市规划及城市发展需求等影响因素。

北京市内新站站址选择时，设计单位根据北京市城市规划、城市发展方向以及老京张铁路沿线现状，对新建车站站址进行多方案技术经济比选，最终选择在五环外增设清河客站的站址方案；京张高铁引入北京枢纽形成双客站格局，为实现多点乘降提供了条件。此外，按北京市要求，清河站需承担市郊列车功能，需在已有站场规模基础上，配套建设城市轨道交通、地面交通，清河站规模、站型及站房应结合北京市需求进行设计，构建融入城市规划的交通枢纽。

八达岭长城站站址选择时，充分考虑车站特殊的地理位置，车站与景区应有效衔接，满足游客在车站和景区间快速通行需求。在工程可行、投资节省的前提下，引入"旅客换乘适宜距离"的概念，结合八达岭5A级核心景区要求，以游客接驳换乘距离最短为核心诉求，选择八达岭站站址及出入口。

崇礼支线作为冬奥会的核心交通干线，为满足冬奥会期间运动员快速集散、迅速进出赛区的需求，设计了首座引入奥运赛场核心区的高铁车站——太子城站，其车站规模、站型及站房均充分考虑了冬奥会的特殊需求。

5.1 清河站，融合城市规划

5.1.1 既有概况

清河站始建于1905年，是老京张线上的中间站，办理客、货列车到发及调车作业。该车站位于北京五环外海淀区清河街，2017年5月25日，该站被海淀区文化委员会认定为不可移动文物。虽然清河站地处西北五环，但随着地铁13号线的建成以及中关村科技园区上地产业基地的发展，周边建筑物林立，学校、住宅及商业众多。

清河站西侧紧邻地铁13号线及京新高速公路，距离地铁13号线防护栅栏最近仅13m；车站东侧分布有金泰富地、IMOMA等建筑群，且紧邻规划道路用地；车站北端咽喉东侧有智学苑高档小区（多栋23层楼房）；南端有京新高速上地斜拉桥上跨车站咽喉区。清河站与周边构筑物关系示意图如图5-1所示。

图 5-1 清河站与周边构筑物关系示意图

5.1.2 清河站设计

京张高铁设计过程中，因北京北站能力不满足各种列车作业需求，设计单位考虑在清河站既有用地范围内，结合北京枢纽内客站分布，调整客车开行方案，将清河站车场规模压缩至4台8线，建设为北京铁路枢纽主要客站之一。从满足城市疏解功能配套角度出发，经与北京市规划部门沟通，对清河站区域规划进行适度调整，改造地铁13号线，使其与铁路车场同层，并在地铁13号线上增设地铁清河站。同时充分利用区域内立体空间，实现昌平地铁南延线、地铁19号线在车站线路下顺向通过；合理布置车站平面，满足市郊铁路S5线引入清河站。在清河站打造集高铁、市郊铁路、地铁、城市公交、社会车辆为一体的综合交通枢纽，充分体现了以人为本和站城融合的设计理念，清河站剖面示意图如图5-2所示。

1）车场布置

清河站作为京张高铁的主要客运站、北京八大客站之一，主要办理部分京张高铁动车组的始发终到及通过作业、京通方向普速客车的始发终到作业和市郊铁路 S5 线客车的始发终到作业（2020 年 9 月始发终到站调整至北京北站），以及动车组车底走行作业，始发终到客车与通过客车对数相当。为避免正线中穿引起折返列车切割正线，车站采用正线外包站型，中间设折返到发线，通过列车到发线分上下行外包布置。车站规模在满足远期 156 对 /d 客车（其中 76 对 /d 为始发终到）作业需求的同时，尽量减小铁路车场规模，以留出地铁 13 号线改线增设车站及车站东西广场用地条件。最终，确定清河站规模为 4 台 8 线，将西侧地铁 13 号线由高架改为地面敷设，与国铁车场并场设置地铁清河站；昌平地铁南延线及地铁 19 号支线在清河站下方设站后顺列通过，两线的地下结构与京张高铁同步建成，最终清河站形成 3 条地铁换乘条件，使得清河站车站深度融入城市轨道交通网络。清河站平面示意如图 5-3 所示。

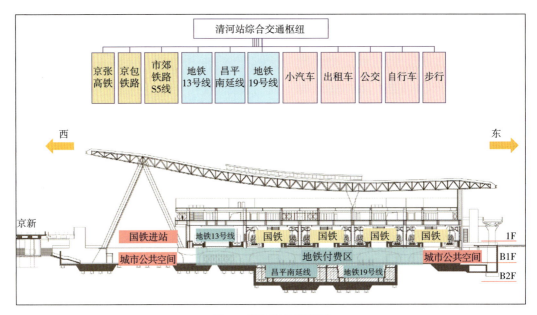

图 5-2　清河站剖面示意图

2）站房设计

清河站作为 2022 年冬奥会京张高铁始发车站，包含高铁、城市轨道交通（地铁 13 号线、19 号线支线和昌平南延线），配套公交车场、出租车场、地下停车场、站前广场、高架落客平台匝道、市政交通等，是北京市大型综合交通枢纽。旅客流线模式采用"上进下出"，进出站旅客通过楼扶梯实现换乘。清河站站房效果图如图 5-4 所示。

3）站场旅客流线设计

S5 线（怀柔至密云线）主要服务于怀柔区、密云区相关景区及怀柔科学城等，工作日以市郊通勤客流为主，周末、节假日以旅游客流为主。S5 线始发站（2016—2019 年）为黄土店站，距离城区较远，周边市政交通接驳条件差，吸引客流能力有限。清河站紧邻北五环，位于中关村科学城北侧，规划为北京市西北部重要综合交通枢纽。S5 线引入清河站可加强怀柔科学城与中关村科学城间联系，此外清河站周边市政交通设施齐全，旅客吸引力强。京张高铁设计过程中，京通铁路疏解引入京张高铁北端咽喉，设计单位研究 S5 线可利用京张高铁、京通联络线经昌平站引入京张高铁清河站，S5 线在清河站的旅客流线按固定使用站台、到发线设计，满足了北京市关于 S5 线引入清河站及北京北站的需求。如图 5-5 所示。

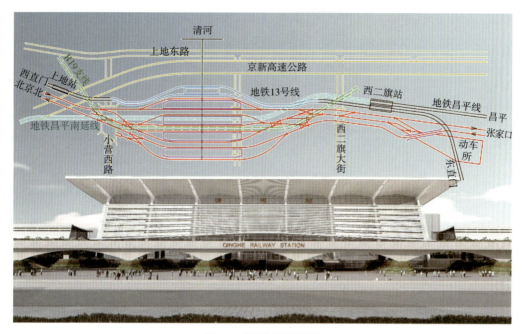

图 5-3　清河站平面示意图

图 5-4　清河站站房效果图

S5 线接入清河站后，为实现 S5 线乘客快进快出，减少与国铁乘客流线交叉，S5 线旅客流线采用下进下出模式，即由清河站地下一层城市换乘通廊及快速进站厅进出站。为避免 S5 线旅客进出站引起国铁出站客流拥堵，S5 线主要接入 3 站台，利用东侧快速进站厅作为进站通道，利用国铁出站通道局部空间（约 4m 宽）作为 S5 线出站通道。

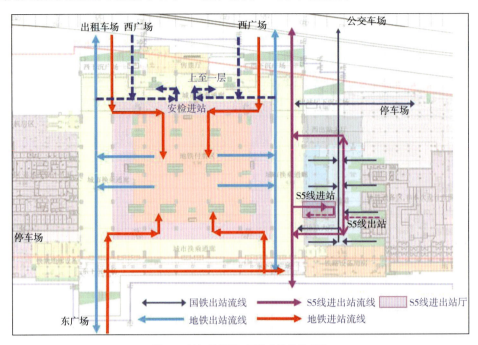

图 5-5　清河站地下一层旅客流线示意图

4）站场交通流线设计

（1）清河站设置南北落客平台，采用缩短咽喉区长度方式预留交通接驳用地，为清河站融入综合交通创造便利条件。清河站社会车辆及公车交通接驳组织如下：

①社会车接驳交通组织。

地面交通系统中，周边道路可连接车站南北两侧地下车库及西侧出租车停车场。二层高架系统中，新建匝道可连接车站南落客平台与京新高速公路，同时可连接北落客平台与站东街、安宁庄北路（辅路）。

②公交车接驳交通组织。

现状上地东路地面公交系统保留，设置公交专用道；安宁庄路向西穿越车站新建公交专用地下道路，连通火车站西侧场站；安宁庄路西二条西端新建小循环公交站台。

（2）站内排水与市政连通。

车站排水是清河站此类城市内车站的设计重难点，设计过程中，设计单位结合车站布置，在站内设置五处排洪涵，在涵洞出水口处设置排水管道与市政管网连通，将车站排水引至市政排水系统，形成了有效的排水系统。

（3）道路与市政道路连通。

清河站东侧布置有信号楼、老清河站房、行包房及给水所等房屋，紧邻 IMOMA 写字楼及金泰富地大厦，为满足在铁路东侧设置站东街的条件，将铁路房屋顺铁路侧紧密布置，并与站东街相连通，实现了铁路房屋及通所道路融入了市政交通。

清河站西侧紧邻运营中的地铁 13 号线及京新高速公路,东侧紧邻城市办公及住宅区,用地条件极为局促,现状城市用地被地铁 13 号线及铁路站场阻断,导致城市部分功能割裂。首先,设计单位对地铁 13 号线进行了改造,将清河段高架线路落地与铁路站场并场设置,这样不仅节约了空间,还极大缩短了 3 条地铁间、地铁与国铁间的换乘距离,提高了换乘效率;其次,对西侧京新高速桥下空间进行下挖处理,设计为站前广场、公交车场及出租车场;再次,利用东侧有限的道路空间,采用立体交通的设计手法,使清河站与东部城区完美结合,达到了畅通融合的目的;最后,在有限的建设用地上,合理布置国铁、地铁的各项功能空间,在满足国铁与地铁流线简洁、畅通、不交叉的前提下,在地下一层实现了国铁与地铁的"零换乘",并且在地下一层实现了东西两侧居民的自由通行,"织补"了城市空间。

5.2 张家口站,促进城市发展

5.2.1 既有概况

老京张铁路建设中,在张家口境内设老张家口站(于 2014 年 7 月 1 日停办客运),老京张铁路开通后,逐渐向西延伸,建成平绥铁路(京包铁路的一段)。1956 年对平绥铁路裁弯取直,在距老张家口站 10km 以南设张家口南站(2019 年 3 月 2 日改为张家口站),于 1958 年投入使用,办理京包铁路上的主要客货运业务。

1909 年 9 月老京张铁路建成通车后,便捷的交通促进了当地经济的发展,使得城市版图逐步扩大,形成了清水河两侧桥西区和桥东区的经济集聚区。随着城市功能不断完善,张家口市成为当时国内颇具现代气息的城市,彰显了铁路建设对城市发展的带动作用。

5.2.2 张家口站设计

(1)车场布置

随着社会经济发展和人口增涨,张家口市桥东、桥西两个主要人口聚集区,已经不能适应社会经济发展和人口增长需要。张家口市地势西北高、东南低,阴山山脉横贯中部,既有城区以南至洋河以北地区较为开阔,受地理条件限制,城市只能主要向南发展。

京张高铁引入张家口地区张家口站。车站采用高速和普速分场设置方案,北侧为高速车场,南侧为普速车场,另新建南北站房并设高架候车室。高速场为 6 台面 8 线(含正线 2 条),设基本站台 2 座,中间站台 2 座;普速车场设到发线 8 条(含正线 2 条),其中 2 条货车到发线、1 条军专线兼客车到发线及 3 条客车到发线,另设站台 2 座。高速场到发线有效长 650m,普速场到发线有效长 1050m,东北端设综合维修工区 1 座。张家口站平面示意如图 5-6 所示。

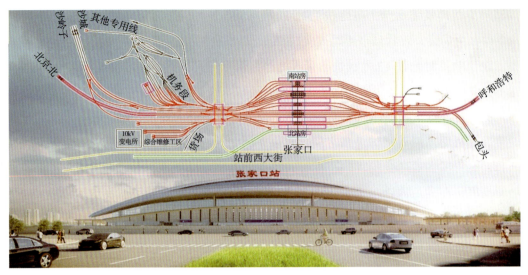

图 5-6 张家口站平面示意图

（2）站房设计

结合张家口站的区位优势及城市发展方向，车站新建南、北站房，北站房满足老城区居民出行，南站房方便城市南侧旅客出行；另在车站东西两端设置沟通城市南北区域的立交涵，中部设置沟通南北站房及广场的地下通廊，既能满足张家口站两侧居民便捷出行，又与规划的轨道交通等形成综合交通枢纽，成为城市客流集散中心，带动了张家口站南部新城及洋河新区的发展。站房设计效果图如图 5-7 所示。

图 5-7 张家口站站房设计效果图

（3）站场交通流线设计

张家口市在张家口站区域规划了 3 条轨道交通线路，分别为城市轨道交通 1 号线、2 号线及磁悬浮 R1 线。规划城市轨道交通 1 号线东西向并行京张高铁引入张家口站，在京张高铁车场北侧同层并场设站,规模为1岛2线。京张高铁建设中同步施工城市轨道交通1号线预留的160m×13m岛式站台及进出站通道结构。规划城市轨道交通2号线沿世纪路敷设,采用地下形式下穿张家口站,在张家口站下方同步实施城市轨道交通2号线左右线框架及进出站通道结构。规划磁悬浮R1线采用高架形式东西走向与张家口站南站房并站。此外,张家口市还规划有张家口至张北的旅游铁路,于张家口站西端咽喉接轨。张家口站规划城市轨道交通平面示意图如图5-8所示。

图5-8 张家口站规划城市轨道交通平面示意图

上述轨道交通建成后,张家口站将成为集高铁、普速铁路、旅游铁路、城轨、公交多种交通方式为一体的综合交通枢纽,有效地促进和带动城市南向发展,使张家口市融入"首都1小时交通经济圈",实现了京张同城化和交通一体化。

5.3 八达岭站,融入5A景区

5.3.1 景区及车站概况

八达岭是峰峦叠嶂的军都山中的一个山口,位于北京西北60km处。八达岭长城景区以八达岭长城为主,是明长城中保存最完整的一段,也是最具代表性的一段,是明代长城的精华,是万里长城向游人开放最早的地段,为国家5A级景区。

京张高铁在八达岭长城景区地下设置了八达岭长城站,为游客提供了快速、便捷的出行方式。由于八达岭长城站深埋于地下,车站位置及地面出入口的选择,均需满足5A级景区的要求，需与景区规划融为一体。

5.3.2 八达岭站设计

（1）车场布置

为了最大限度减少车站设置对景区的影响，并节省地下深埋隧道工程的成本，八达岭长城站在设计中秉承了如下原则：

①车站设计仅满足游客乘降功能，车场规模大幅"瘦身"。

②地面仅设置出入口及售票处，候车厅及生产房屋均设置于地下。

③出入口尽量靠近游客服务中心，不设置停车场等交通接驳设施。

基于上述原则，八达岭长城车场设于八达岭滚天沟停车场地下百米深处，车站中心处线路埋深102.55m。车场按2台4线布置（含正线2条），到发线有效长650m；站台长450m（站台中部约200m范围为直线段，两端约125m范围为曲线段），站台高1.25m；两端正线之间分别设置1组渡线，隧道按3联拱布置，2条到发线之间设置隧道结构柱；两个侧式站台均与候车厅连通，满足旅客快速乘车和疏散需求。站台宽度采用客流动态模拟方式检算后，尺寸确定为9.2m（含1.2m安全门布置宽度，进出口通道外至站台端部站台适当缩短站台宽度）。车场布置如图5-9所示。

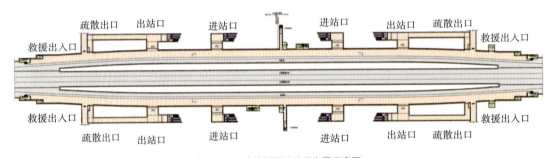

图5-9 八达岭长城站站场布置示意图

（2）站房设计

地面站房布置在八达岭景区停车场东侧山脚，长城博物馆北侧，秉承"形隐于山"的设计理念，强调站房与自然环的和谐、统一，站房既彰显了交通建筑的标志性和现代特征，又避免了对历史人文和自然景观造成影响，出入口建筑完全与周围环境融为一体，融入了5A级景区的整体风貌当中。八达岭长城站站房实景效果如图5-10所示。

（3）站场旅客流线设计

八达岭长城站最大埋深102.55m，地下建筑按三层设计，由上至下依次为出站通道层、进站通道层和站台层，进站通道层与地面站房地下一层相接，出站通道层与地面站房层相接。基于此，八达岭长城站旅客进出站流线为：

①进站乘客在八达岭长城站站房地面一层完成购票、安检后，进入站房候车区，通过进站通道下至站台乘车。

②乘客到达后，通过站台两侧横向楼扶梯通道上至出站通道，通过出站通道扶梯上至车站地面站房出站厅出站。

图 5-10　八达岭长城站站房实际效果图

旅客流线示意图如图 5-11 所示。

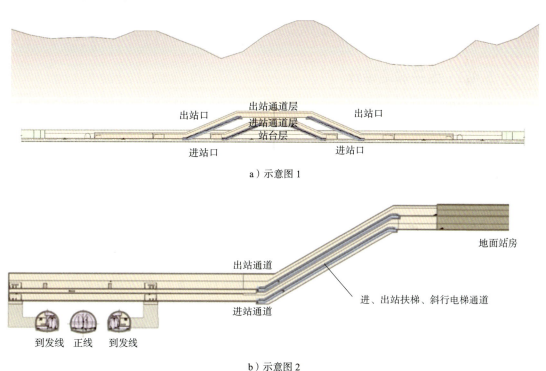

图 5-11　八达岭长城站旅客流线设计示意图

站台层至地面站房地面层全程高度为 61.77m，采用两级提升，站台层为 3 洞格局，中洞为正线洞室，两侧洞各设置1条到发线和1座侧式站台，站台两端布置少量设备用房，中部为乘车区，站台宽9.2m，站台设置安全门，安全门距站台边1.2m，站台层公共区装修后净高为4.5m；侧式站台分别设置两个10m宽进站口和出站口，以及两个6.5m宽疏散的出口及两个5m宽紧急事故救援出入口（疏散的出口及紧急事故救援出入口位置如图5-9所示）；站台进站口设置6.5m宽（1部2m宽楼梯和2部1m宽扶梯）的楼扶梯通道与进站通道层相接，站台出站口设置6.5m宽（1部2m宽楼梯和2部1m宽扶梯）的楼扶梯通道与出站通道层相接。

5.4 太子城站，体现冬奥会精神

5.4.1 车站概况

太子城站是崇礼铁路中间站，位于冬奥会赛场核心区及崇礼旅游核心区。冬奥会结束后太子城站将成为崇礼区旅游及运动的重要站点，对崇礼区的经济发展有着积极促进作用。太子城站位于奥运核心区，能够满足奥运期间北京与张家口之间快速通行的需要。太子城站的站址选择及设备配备均能满足冬奥会的标准，也是冬奥会历史上首个直达赛场核心区的高铁站。太子城站正对冬奥会颁奖广场，将成为颁奖广场的背景，2022年冬奥会在张家口地区颁发的所有奖牌都将以太子城站作为颁奖仪式背景，充分体现了太子城站与奥林匹克精神的融合。

5.4.2 太子城站设计

1）车场布置

崇礼铁路赛时客流远大于常时客流，根据客流特殊性，同时考虑太子城至锡林浩特铁路规划为单线铁路，太子城站为单双线转换车站，客车停靠较多，车站正线临靠站台，奥运期间兼做客车到发线，冬奥会后客流减少可作为通过正线，满足客车限速通过。同时考虑冬奥会期间VIP、运动员专车、大件行李器械进出站等需求，在站房侧面增加基本站台1座及通站台道路。最终形成"4线2岛1侧"的车站规模。这种布置及规模，实现对股道的最大利用，缩小站场规模，让车站更加融入周边环境，适应冰雪小镇发展规划。

车站采用线侧下式站房，设到发线4条（含正线2条），到发线有效长650m，设450m×12.0m×1.25m岛式站台2座及450m×8.0m×1.25m基本站台1座。综合工区横列布置于站对侧，车站尾部预留正线延伸条件。太子城站平面示意图如图5-12所示。

2）站房设计

站房设计以山水相连、相约冬奥、冰雪小镇、激情冰雪为理念；主站房以白为主色调，鸟瞰就像镶嵌于山中的一块美玉，又犹如晶莹剔透的一颗明珠，对应2022年冬奥会激情冰雪的主题；中央进站厅选用原木色，形成了具有自然美的建筑风格。

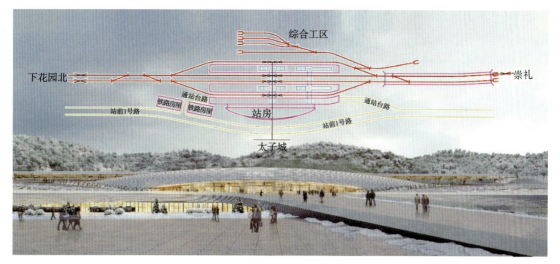

图 5-12　太子城站平面示意图

太子城站采用地上钢结构、地下钢筋混凝土结构，车站设计从尊重自然的角度出发，尽可能保留了自然景观资源。站房背山面水，连接山水之间，外形设计借鉴了自然山形曲线，呈月牙形双曲弧面落地，逐渐向两侧端部对称自然收敛，与山体相呼应，与周边环境自然融合；充分尊重自然，体现了山地建筑、绿色建筑特色，建筑设计具有崇礼地域风格。太子城站站房效果图如图 5-13 所示。

图 5-13　太子城站站房效果图

3）站场旅客流线设计

太子城站奥运期间的客流量和客流特征与非奥运期间差别较大。设计单位考虑不同时期车站旅客流线的转化需求、市政枢纽的流线设计，将奥运期间普通观众、注册人群、运动员及贵宾人员的进出站流线分别设计，满足奥运期间各种客流的案件及运输需求；平时客流则结合车站及市政枢纽的交通接驳，满足铁路出行客流的交通需求。

奥运期间地下一层为普通旅客的进站层，一层为媒体及注册人员的进站层，一层夹层直接连接站台为贵宾及运动员进站层。奥运结束后，平面流线可进行转化，地面一层作为主要的进站层，地下一层作为出站层。旅客流线设计情况如图 5-14 所示。

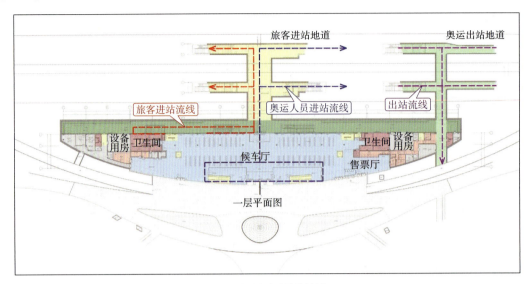

a）太子城站旅客流线设计图 a

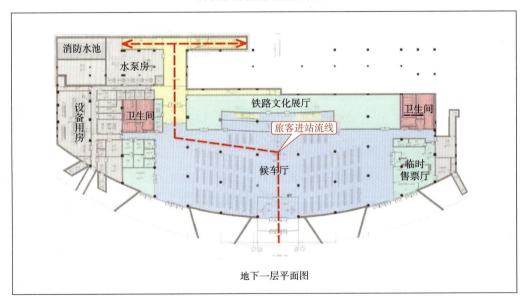

b）太子城站旅客流线设计图 b

图 5-14　太子城站旅客流线设计图

4）外部交通融合

（1）外部交通流线

太子城高铁站，东侧为站前规划 1 号路，项目位置正对太子城国际冰雪小镇奥运颁奖广场，交通便利，位置优越，太子城站周边布局示意图如图 5-15 所示。

站房前为站前广场，站房两侧为枢纽地面广场，通过跨一号路平台（连桥）将太子城站前广场与颁奖广场相连接，地下设置地下通廊和颁奖广场连通。枢纽东西两侧分别设置铁路自营停车场和枢纽室外停车场，沿一号路设置小型车和大巴车上落客区，在枢纽内部设置公交首末站、游客集散中心、出租车上（落）客区、汽车租赁、社会车辆地下停车场及室外停车场。太子城车站与外部交通流线示意图如图5-16所示。

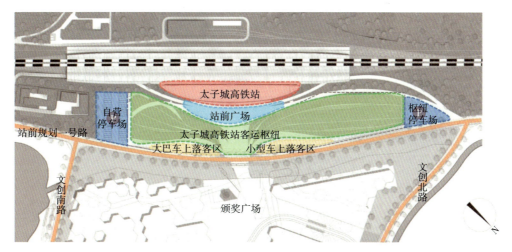

图5-15　太子城站周边布局示意图

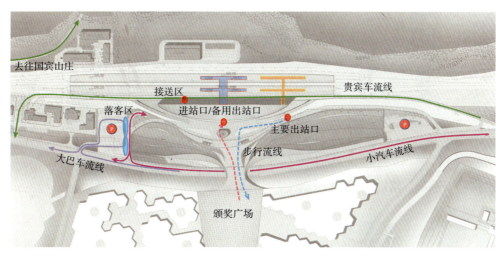

图5-16　太子城车站与外部交通流线示意图

（2）外部城市轨道交通规划

为保障2022年冬奥会顺利举办、落实国家及河北省旅游相关政策及战略部署，大力开发崇礼旅游景区；缓解景区交通压力，提升游客出行体验，保证出行品质，张家口市规划串联沿线奥运村、PST（太子滑雪小镇）、云顶世界、奥运AB场、万龙滑雪场等冬奥会比赛场地及主要旅游景点的旅游轨道交通线，冬奥会期间承担沿线比赛场馆的观众及游客的运输功能，冬奥会后承担沿线景区的旅游客流运输。崇礼区旅游观光线如图5-17所示。

图 5-17 崇礼区旅游观光轨道交通线路示意图

5.5 北京北站，利用既有设备

5.5.1 既有概况

北京北站原为老京张铁路、北京市郊铁路 S2 线的始发、终到站，位于北京市西城区西直门地区，紧靠西北二环，地理位置极佳；同时北京北站位于西直门综合交通枢纽，有地铁 2 号线、4 号线及 13 号线在此交汇。京张高铁引入北京枢纽，受北京北站周边环境条件限制，客流主要依靠地铁 2 号、4 号、13 号线及少量的公交集散，如将西北方向进京客流全部引入北京北站，必将造成西直门地区交通堵塞。京张高铁引入北京枢纽研究，设计单位结合西直门现状条件，首先研究在既有用地范围内合理改建北京北站，以期最大程度满足运输需求；其次研究采用清河站、北京北站双客站布局方式,解决西直门枢纽客流疏散困难等问题。上述方案符合首都总体规划,大幅减少了城市改造和客站配套基础设施投资。

5.5.2 北京北站设计

1) 车场布置

北京北站维持既有规模不变,对咽喉区进行改造,增加部分平行进路,将站台范围内钢轨更换为60kg/m无缝钢轨,将到发线有效长按尽头式车站要求调整,设到发线11条,其中1~8道满足16辆编组列车停放要求,9~11道满足8辆编组列车停放要求。北京北站平面示意图如图5-18所示。

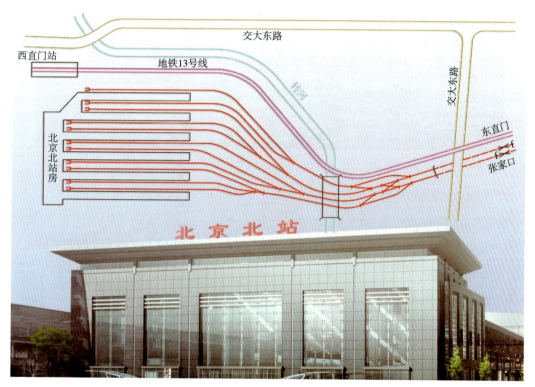

图5-18 北京北站平面示意图

2) 站房设计

既有北京北站改建于2008年,是老京张铁路、京通铁路和北京市郊铁路S2线的始发、终到站。

北京北站距首都中心城区较近,为适应京张高铁的新标准和运营需求,全力实现"精品工程、智能京张"的建设目标,紧扣京张高铁引入北京北、将既有北京北站快速提升转型为京张高铁始发站的功能定位,开展升级改造设计。设计中充分利用车站周边、自身既有设施和条件,秉持融于北京、提质优化的设计理念,采取提质更新的技术措施,全面运用国内高铁现代化前沿核心技术和多项攻关成果,践行"畅通融合、绿色温馨、经济艺术、智能便捷"的设计理念，使北京北站取得了升级、提质、适应性的成果。主要对站内信息、标识系统进行了全面升级，使其更加智能便捷；深化了京张文化、首都文化的扩展和艺术表达；对既有结构安全、漏雨、渗水、站台变形等问题进行深入排查和综合整治。

百年京张，始于北京，新的适应性改造为北京北站注入了智能、精致等活力，如今北京北站已实现了旧貌换新颜的全新蜕变，如图 5-19 所示。

图 5-19　北京北站站房效果图

3）站场旅客流线设计

既有北京北站站房设有地面层和地下层。考虑到国铁长途旅客和乘坐 S2 线及 S5 线旅客的停留需求不同（国铁长途旅客有候车需求；乘坐 S2 线及 S5 线旅客，多为随到随走的公交化需求），北京北站承担的作业及到发线使用分工不同，国铁票制与市郊铁路票制不统一，对旅客进出站流线进行如下优化。

（1）国铁列车流线优化。

北京北站负责办理京张高铁张家口、延庆及太子城三个方向的国铁动车组始发终到作业，其旅客流线设计如图 5-20 所示。

①地下层客流组织：地铁出站旅客自地下广场进入铁路地下层候车厅，检票后通过扶梯上至站台层进站；出站旅客自站台层经楼扶梯下至地下出站厅检票出站。北京北站通过下沉广场换乘地铁 13 号线、2 号线、4 号线，东侧有现状的公交场站。

②站台层客流组织：进站旅客自站房平台进入一层候车厅检票进站；出站旅客自站台经楼扶梯下至地下出站厅检票出站。

（2）市郊铁路 S5 线流线优化。

北京市郊铁路 S5 线于 2020 年京通铁路电化改造后引入北京北站。为减少市郊列车与京张高铁动车组客流之间的交叉，利用车场西侧 2 线 1 台（10、11 道及 6 站台）作为市郊铁路车场，进出站利用南侧人行道路，北侧直接与市郊站台相连，实现站台候车。市郊进出站流线与国铁完全分开、互不影响，并快速与城市轨道交通衔接。北京北站市郊列车进出站流线示意图如图 5-21 所示。

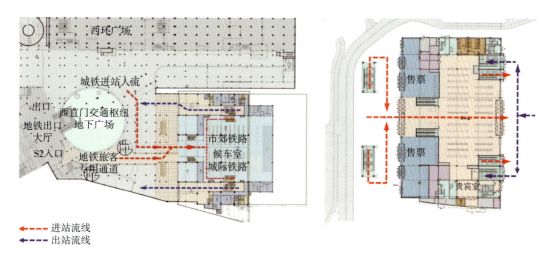

a）地下一层流线布置图　　　　　　　b）首层流线布置图

图 5-20　北京北站国铁列车旅客流线示意图

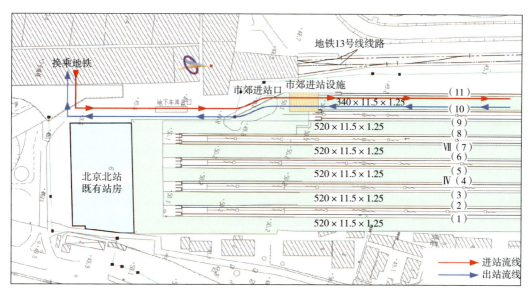

图 5-21　北京北站市郊列车进出站流线示意图（尺寸单位：m）

（3）既有北京北站站房及通道已经基本满足上述流线要求，京张高铁主要对客服信息系统进行升级改造，对站台面、雨棚进行整治改造，以实现北京北站高质量开通、运营。

西直门交通枢纽换乘集中在车站南端，旅客可通过站前广场在地面与公交系统实现换乘，在地下与地铁城铁实现换乘，实现了旅客流线的便捷顺畅。设计成果充分考虑西直门综合交通枢纽规划，将地下、地面、地上三种交通方式进行了有机融合，旅客流线规划合理，衔接有序。

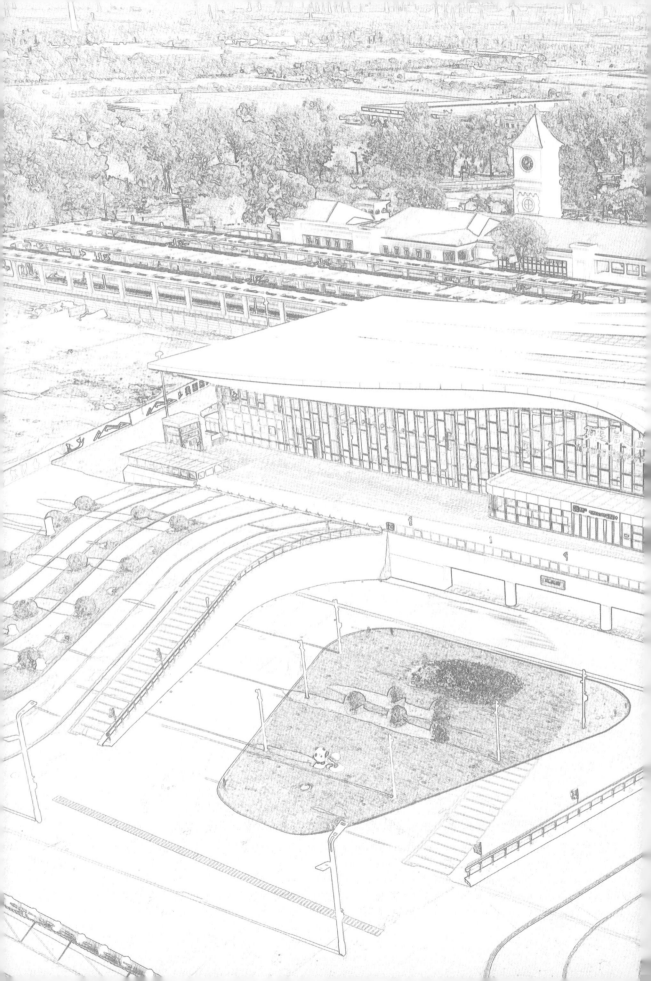

# CHAPTER 6
>>> 第 6 章

站场设计特色
STATION AND TERMINAL DESIGN FEATURES

京张高铁为了更好地利用既有车站能力、节省工程投资、实现节约用地的目标，采用仿真模拟技术对到发线规模、咽喉区能力及站台宽度等进行了分析、检算，使站场规模设计更加科学合理；为了减少对环境的影响，设计时采用了固化道床的先进工艺；为了确保高速列车安全、平稳、不间断运行，减少工务养护维修，设计中也采用了道岔状态监测设备。新技术、新工法、新设备的采用，在保证行车安全的同时也减少了后期工务养护维修的工作量。

6.1 前瞻设计，助力加速双循环格局

6.1.1 冬奥会对站场设备的需求分析

京张高铁是国家《中长期铁路网规划》中"八纵八横"京兰通道的重要组成部分，也是北京冬奥会重要配套基础设施工程。北京冬奥会举办时将在三地同时开始，开幕式等仪式将在北京场馆群举行，因此乘客及运动员有在北京至张家口或至延庆之间进行大规模转移的需求，站场设备需要考虑客流快速疏散的需要。冬奥会项目的属性也决定了雪具为必备设备，因此，冬奥会运动员雪具的运输也对站场设备提出了相应的要求。

（1）专列需求

作为京张高铁的重要车站，北京北站和延庆站均为尽端车站，设计时考虑将尽端站台连通，同时为了适应奥运期间的运输需求，太子城站设计为"四线两岛一侧"车站规模，并将基本站台与外部通道直接连通。三个车站的站场设计方案不仅方便了旅客出行，同时也能够兼顾冬奥会时奥运官员等特殊人群的专列运输需求。

（2）奥运需求

考虑到冬奥会比赛时运动员有雪具集中运输的需要，因此在进行一些大的节点站（清河站、张家口站以及太子城站）设计时，均考虑在站台上设置行包地道或行包旅客地道，在高度、宽度、出入口等方面都考虑了奥运雪具运输的需求。同时京张智能动车组也有部分车厢增加了滑雪设备储物柜，能够为旅客及运动员提供便捷、安全、舒适的交通出行体验。

由于冬奥会期间客流量增大，太子城站的旅客进出站通道及站房设备等充分考虑了冬奥会期间客流疏散的需要，设有快速进站通道、冬奥会临时进站通道、赛时综合服务中心和铁路文化展厅，能够满足观众和运动员的快速集散，服务冬奥会赛时普通旅客换乘进站。

6.1.2 满足冬奥会需求，预留高铁快运发展条件

2022年冬奥会将分为北京、延庆、张家口三个赛区。冬奥会比赛器械大多具备体积大、不易运输的特点，赛事期间运动员将携带比赛器械在三个场地间转移。由于北京、张家口地区冬季多雪，公路受天气影响较大，难以提供安全、准时的运输服务。而高铁作为一种不受天气

限制,并具有安全性、准时性等特点的运输工具,将承担冬奥会期间的主要运输任务,需要在高铁车厢或进出站通道设计中满足比赛器械的特殊需求。

1)增设行包地道车站的选择原则

①应选择在冬奥会运动员主要聚集地、疏散地,保证运动员出行需求。

②应选择在人口密集区,考虑多数旅客出行方便。

③应考虑城市周边物流配送发展需求。

④应以增加行包地道工程规模适度为前提,合理选择车站。

2)增设行包地道车站的确定

(1)北京市内设置行包地道车站的选择

北京市内北京北站、清河站和延庆站三个站点均具备行包通行需求。北京北站位于西直门交通枢纽,城市轨道交通发达,能通过轨道交通连接枢纽内其他车站。清河站位于北京市北五环外,周围回龙观、西二旗等小区众多,常住人口约60万人,旅客出行及物流需求强烈。延庆站距离奥运赛场最近,运动员出行需求强烈。

北京北站及延庆站均为尽端式车站,端部站台具备行包车通行条件;清河站为新建站,在车场地下建设轨道交通换乘大厅,同步建设行包地道增加工程有限。所以,北京市境内选择在清河站设置行包地道。清河站在DK23+924设1座宽度5.2m的行包地道,连通东西站房和各座站台。

(2)张家口市内设置行包地道车站的选择

张家口市是冬奥会运动场之一,其中张家口站和太子城站均具备行包通行需求。张家口站办理普速及高铁列车作业,为城市居民出行的主要客站,车场地下设有沟通南北广场的通道、预留地铁2号线引入,与地下工程同步建设行包地道增加工程有限。太子城站位于崇礼区,为冬奥会滑雪项目主赛场,冬奥会期间运动员携带超大行李出行需求强烈,但淡季出行需求不强。因此,将进出站地道在站台出上入口中的一侧设为坡道,兼作旅客及行包地道。

张家口站在DK192+524设1座宽度5.2m行包地道,连通南部站房和各座站台。太子城站将位于DK51+845宽度为5.2m的奥运进出站地道,按一侧为梯道一侧为坡道的方式进行设计,旅客进出站地道兼作行包地道。

3)车站设置行包地道的作用及意义

(1)满足冬奥会运动员比赛出行的需求

针对冬奥会各类器材体积大、不易运输的特点,以及部分高价值、高精度、易损坏物品的运输需求,在清河站、张家口站、太子城站设行包通道,利用北京北站和延庆站尽端式站台,配合相关运输工具,能够满足冬奥会体育器材及运动员随身携带相关器械出行对交通安全性、准时性、通过性的需求。

(2)预留高铁快运发展条件

目前,我国高速铁路主要针对旅客运输进行设计和建设,并没有考虑开展快速货运的需求,高铁快递业务目前只能在现有设备、设施和现行运输组织方式下开展,高铁货运相关配套设施(货物站台、行包通道、货运电梯)相对缺乏,基本站台只能满足一个方向的列车停靠。目前高铁快递业务仅在省会城市开展货物体积小、重量轻的小件快运,运量规模小,作业效率低,与高铁快运广阔的发展前景不符。

中铁顺丰国际快运有限公司已利用高铁网在省会城市间开通了"高铁极速达"(即日送达)服务,将顺丰传统的"集中中转"改成"地铁接驳直送高铁"模式,实现高铁物流网络与顺丰快递网的深度融合,省去转运中心先集再散的中间环节,从收件到完成派送仅需10h,已经是目前能和航空运力比肩的高时效运输方式。2018年,中铁快运股份有限公司从这项合作业务中分得1.1亿元的收益。

在加快构建以国内大循环为主体、国内国际双循环相互促进的新发展格局的背景下,织密建好国内物流运输网络将是促进货物高效流通的重要措施,在可预见的未来,这种高铁+地铁的高效运输模式将不再局限于省会城市之间,在省会城市与地级市之间、两个发达的地级市之间都可能采用这种运输模式。

通过对冬奥会大型器械通过需求的响应,京张高铁在北京市紧邻人口密集、快运需求强烈的回龙观地区的清河站,在张家口市紧邻城市中心区的张家口站均设置了行包通道;北京北站及延庆站设置的端部站台也具备行包车通行的条件,借此,京张高铁已经具备了较为完善的高铁物流进出站条件,为后续的物流运输网络提速升级奠定了良好的基础。

6.2 先进技术,推动建设精品化京张

6.2.1 运用动态模拟方法计算八达岭长城站站台宽度

八达岭长城站站场的基本设计见第5章第5.3节。本部分主要就八达岭站设计中运用动态模拟方法对旅客行程进行分析,以计算站台宽度的具体过程进行描述。

1)站台安全性与舒适性要求

(1)车站旅客发送量与车站等级

根据《铁路旅客车站建筑设计规范》(TB 10100—2018)中关于车站等级分类标准的要求,通过车站最高聚集人数和高峰小时发送量,确定车站规模。八达岭长城站铁路高峰小时人数见表6-1。

八达岭长城站铁路高峰小时人数计算表　　　　表6-1

指标	景区游客总量（万人次）		铁路承担客流（万人次）		铁路日均发送量（万人次）		铁路高峰小时人数（人次）	
	近期	远期	近期	远期	近期	远期	近期	远期
全年	900	1000	416	525	1.14	1.44	1481	1870

续上表

指标	景区游客总量（万人次）		铁路承担客流（万人次）		铁路日均发送量（万人次）		铁路高峰小时人数（人次）	
	近期	远期	近期	远期	近期	远期	近期	远期
高峰月	135	140	45	48	1.50	1.60	2250	2400
黄金周	40	40	12	15	1.71	2.14	3400	4000
高峰日	10	10	2.2	2.2	2.20	2.20	4400	4400

注：早高峰9：00—10：00，下车人数为"铁路高峰小时人数"，上车人数取下车人数1/6；晚高峰16：00—17：00，上车人数为"铁路高峰小时人数"，下车人数取上车人数1/4。

表6-1显示，八达岭长城站高峰日远期高峰小时人数为4400人，为中型车站。

（2）站台宽度及其安全性

根据《铁路旅客车站建筑设计规范》（TB 10100—2018），中型站侧式中间站台的宽度为7.5～9m，出入口宽度为4m。站台位于曲线地段时，站台端部最小宽度不宜小于5m。

八达岭长城站旅客出入口位于站台外侧，平行于站台设置，与站台为两个独立的隧道结构。依据《铁路旅客车站建筑设计规范》（TB 10100—2018），扣除出入口宽度，八达岭长城站侧式站台宽度不小于3.5m即满足中型车站的站台宽度需求。

根据《地铁设计规范》（GB 50157—2013）第9.3.2条及《高速铁路设计规范》（TB 10621—20147 J971—2009）条文说明第10.4.3条，"站台宽度应满足高峰时段站台上最高聚集人数的使用需要，"其宽度计算公式为：

$$\text{边墙边缘至站台边缘的距离} = \frac{Q_{\text{上、下}}P}{L} + K$$

式中：$Q_{\text{上、下}}$——上车或下车旅客人数（取2400人）；

P——站台上人流密度（取0.5m²/人）；

L——站台计算长度（取420m）；

K——站台边缘至安全防护距离（本站设有屏蔽门，宽度为1.2m）。

根据以上公式，边墙边缘至站台边缘的距离=$QP/L+K$=2400×0.5/420+1.2=2.9（取3m）+1.2=4.2m。

还应考虑站台后部上、下车旅客出入通道宽度：根据条文说明10.4.3中"残疾人轮椅车通行需要的宽度为1.40m，考虑轮椅车通行的同时仍满足有一个行人通过的宽度为0.6m"，则通道宽度需要2.0m。因此，站台总宽度为4.2+2=6.2m。

考虑北京枢纽除外的区段全部开行动车组，包括高铁动车组、城际动车组、市域动车组，由于线路上运行的动车组种类较多，如果站台宽度确定为5m，安全门开门无法满足多种车型的停靠要求，按照《铁路车站及枢纽设计规范》（TB 10099—2017），安全门需要退站台边1.2m。因此，站台设计宽度为6.2m（5m+1.2m），除去安全门内侧厚度后，站台净宽4.65m。

（3）站台舒适性分析

从车站站台环境的功能来说，需合理设计、安排、组织空间。空间设计首先要保证旅客能安全、高效、便捷地进行活动，还需满足旅客心理上对安全、舒适的需求。车站站台根据旅客的行为，可划分为等待区和通行区两个区域。参考美国《公共交通通行能力和服务质量手册》，对两个站台方案进行舒适性对比分析，其步行服务水平及等待服务水平等级分类见表6-2和表6-3。

步行服务水平分级标准   表6-2

服务等级		A	B	C	D	E	F
单位宽度人流量	人/(m·min)	更少～23	23～33	33～49	49～66	66～82	82～更多
	人/(m·s)	更少～0.383	0.383～0.550	0.550～0.817	0.817～1.100	1.100～1.367	1.367～更多
行进速度	m/min	更快～79	79～76	76～70	70～61	61～34	34～更慢
	m/s	更快～1.317	1.317～1.267	1.267～1.167	1.167～1.017	1.017～0.567	0.567～更慢
占地面积	m^2/人	更大～3.3	3.2～2.3	2.3～1.4	1.4～0.9	0.9～0.5	0.5～更小
假设通道宽度	m	1	0.6	0.6	0.6	1	1～0.6
行人间距	m	更大～5.3	5.3～3.8	3.8～2.3	2.3～1.5	0.9～0.5	0.5～更近
状态描述		（1）实际上对行进速度的选择没有限制；（2）行人可以毫不费力地通过；（3）横穿和逆行都不受限制；（4）通过人数为最大容量的25%	（1）正常的行进速度只是偶尔受到限制；（2）行人在前进过程中只是偶尔会碰到一些干扰；（3）横穿和逆行有时会产生冲突；（4）通过人数为最大容量的35%	（1）行进速度受到部分限制；（2）行人在前进过程中受到的限制是可以自我调整的；（3）横穿和逆行受到限制，需要大量调整，以避免冲突；（4）通过人数为最大容量的40%～65%	（1）行进速度受到限制而有所下降；（2）行人在前进过程中必然会发生碰撞；（3）横穿和逆行会产生多种多样的冲突，因此受到严重制约；（4）在达到临界人流密度时，行人的流动可能会经常出现停滞	（1）行进速度受到限制，并常常下降至停滞状态，行人需要时常调整步伐，在行进过程中不可能不发生冲突；（2）横穿和逆行可能性微小，因此不可避免地产生严重冲突；（3）人流量趋于最大	（1）行进速度下降到原地踏步的程度，行人几乎无法通过；（2）横穿和逆行是不可能的；身体的碰撞时常发生并且无法避免；（3）人的流动只是偶尔发生，人流经常处于几乎完全中断或者停滞的状态

排队等待服务水平分级标准   表6-3

服务等级			A	B	C	D	E	F
占地面积		m^2/人	更大～1.2	1.2～0.9	0.9～0.6	0.6～0.3	0.3～0.2	0.2～更小
正方形站位间距		m	更大～1.10	1.10～0.95	0.95～0.77	0.77～0.55	0.55～0.45	0.45～更小
矩形站位	前后间距	m	更大～1.2	1.2～1	1～0.85	0.85～0.5	0.5～0.3	0.3～更小
	左右间距	m	更大～1.00	1.00～0.90	0.90～0.71	0.71～0.60	0.60～0.3	0.3～更小

续上表

服务等级	A	B	C	D	E	F
状态描述	可以在不干扰队内其他人的情况下，停留或者自由通过排队区域	为避免干扰队内其他人，停留或者通过排队区域都要受到一定的限制	停留或者通过排队区域都要受到限制，并对队内其他人构成干扰，但密度还处于舒适范围内	能够彼此不接触站立在排队区域，队内行人通行受到严重限制，只能结队前行。长期处于该密度下将令人感觉不舒适	停留在排队区域时，身体接触不可避免，队内不可能通行。长时间处于该密度下将令人感觉严重不舒适	排队的所有人都有直接身体接触，队内不可能通行。此密度令人极度不舒适，在大规模人群中有潜在的恐慌可能

京张高铁平日开行 8 辆编组动车组列车，奥运期间为 16 辆编组列车。平日 8 辆编组早高峰满员 600 人全下车，上车人数取下车人数的 1/6，100 人；晚高峰 600 人全上车，下车人数取上车人数的 1/4，150 人。奥运期间 16 辆编组早高峰满员 1200 人全下车，上车人数取下车人数的 1/6，200 人；晚高峰 1200 人全上车，下车人数取上车人数的 1/4，300 人。16 辆编组一般采用两列 8 辆编组动车组重连形式，列车车门在站台上的排布为对称布置，如图 6-1 所示，选取平日及奥运期间早晚高峰两个时段进行站台舒适度分析。

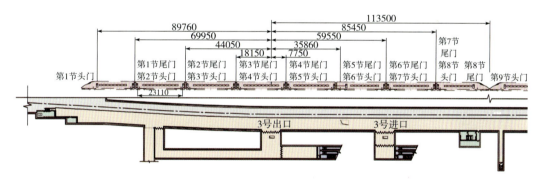

图 6-1 列车车门在站台上的排布图（尺寸单位：mm）

乘客在下车时车门处发生一次滞留。动车车门宽约 1m，考虑在车门处乘客的流出系数为 1 人/（m·s），当 16 辆编组列车满员 1200 人全部下车时，每节车厢车门处的乘客行走至车站出站口的时间（乘客行进速度取 1.2m/s）见表 6-4 和表 6-5，站台乘客行进线如图 6-2 所示。

第 1~4 节车厢车门处的乘客行走至车站出站口的时间　　　表 6-4

项目	单位	第 1 节车厢头门		第 1 节车厢尾门 第 2 节车厢头门		第 2 节车厢尾门 第 3 节车厢头门		第 3 节车厢尾门 第 4 节车厢头门	
部位	—	列车门	站台	列车门	站台	列车门	站台	列车门	站台
状态	—	滞留	行进	滞留	行进	滞留	行进	滞留	行进
人数	人	38	75	75	75	75	75	75	75
速度	m/s		1.200		1.200		1.200		1.200
流出系数	人/（m·s）	1.000		1.000		1.000		1.000	

续上表

项目	单位	第1节车厢头门	第1节车厢尾门 第2节车厢头门		第2节车厢尾门 第3节车厢头门		第3节车厢尾门 第4节车厢头门	
车门宽度	m	1.000	2.000		2.000		2.000	
行走长度	m		94.760		74.950		49.050		23.150
时间	s	38.000	78.967	37.500	62.458	37.500	40.875	37.500	19.292

第4~9节车厢车门处的乘客行走至车站出站口的时间　　　　表6-5

项目	单位	第4节车厢尾门 第5节车厢头门		第5节车厢尾门 第6节车厢头门		第6节车厢尾门 第7节车厢头门		第7节车厢尾门 第8节车厢头门		第8节车厢尾门 第9节车厢头门	
部位	—	列车门	站台	列车门	站台	列车门	站台	列车门	站台	列车门	站台
状态	—	滞留	行进	滞留	行进	滞留	行进	滞留	行进	滞留	行进
人数	人	75	75	75	75	75	75	75	75	75	75
速度	m/s		1.200		1.200		1.200		1.200		94
流出系数	人/(m·s)	1.000		1.000		1.000		1.000		1.000	1.200
车门宽度	m	2.000		2.000		2.000		2.000		2.000	
行走长度	m		12.750		40.860		64.550		90.450		
时间	s	37.500	10.625	37.500	34.050	37.500	53.792	37.500	75.375	37.500	118.500

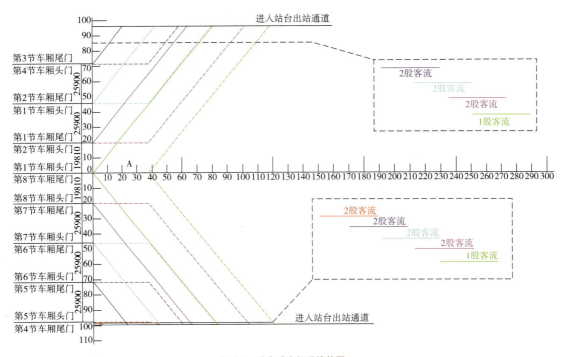

图6-2　站台乘客行进线状图

根据站台上乘客行进的线状图可看出，站台上最多有4股客流同时行进。结合上述行人通行和等待服务水平标准可得出站台宽度为6.2m时的舒适度，分析如下。

①平日8辆编组及奥运期间16辆编组早高峰站台宽度舒适度等级见表6-6和表6-7。

站台通行区宽度计算　　　　　　　　　　　　　　　　　　　　　表 6-6

项目	车门处				站台通行区		
	每个车门宽度（m）	每个车门通过人数（人）	车门数（个）	流出系数［人/(m·s)］	人流量（人/s）	疏散系数［人/(m·s)］	通道宽度（m）
数量	1	38	4	1	4	1	4
提示				服务等级 D		服务等级 D	

站台等待区宽度计算　　　　　　　　　　　　　　　　　　　　　表 6-7

项目	站台等待区宽度计算					通道总宽度（m）
	车门处			通道处		
	单个安全门宽度（m）	每个安全门处等待人数（人）	安全门间距（个）	乘客占地面积（m²/人）	等待通道宽度（m）	
数量	2.4	13	23	0.9	0.65	4.65
提示				服务等级 C		

②平日 8 辆编组及奥运期间 16 辆编组晚高峰站台宽度舒适度等级见表 6-8 和表 6-9。

站台通行区宽度　　　　　　　　　　　　　　　　　　　　　　　表 6-8

项目	车门处				站台通行区		
	每个车门宽度（m）	每个车门通过人数（人）	车门数（个）	流出系数［人/(m·s)］	人流量（人/s）	疏散系数［人/(m·s)］	通道宽度（m）
数量	1	19	4	1	4	1.1	3.65
提示				服务等级 D		服务等级 D	

站台等待区宽度　　　　　　　　　　　　　　　　　　　　　　　表 6-9

项目	站台等待区宽度计算					通道总宽度（m）
	车门处			通道处		
	单个安全门宽度（m）	每个安全门处等待人数（人）	安全门间距（个）	乘客占地面积（m²/人）	等待通道宽度（m）	
数量	2.4	75	23	0.31	1	4.65
提示				服务等级 D		

宽度 6.2m 站台在高峰时通行区满足 D 级服务水平，等待区满足 C 级服务水平；晚高峰通行区及等待区满足 D 级服务水平。通行区乘客在早、晚高峰时段行进速度受到限制而有所下降；行人在前进过程中必然会发生碰撞；横穿和逆行会产生多种多样的冲突，因此受到严重制约。在达到临界人流密度时，行人的流动可能会经常出现停滞停留。等待区早高峰时段停留或者通过排队区域都要受到限制，并对队内其他人构成干扰，但密度还处于舒适范围内，而晚高峰时段乘客能够彼此不接触地站立在排队区域，队内行人通行受到严重限制，只能结队前行，长期处于该密度下将令人感觉不舒适。

2）站台扩宽方案

若对站台进行扩宽，站台有效宽度将从 6.2m 调整到 9.2m，安全门后退站台 1.2m，隧道总开挖跨度增加 3m，隧道开挖断面增加约 36m²，总高度增加约 0.54m，轨面以上高度增加 0.4m，截面图如图 6-3 所示。

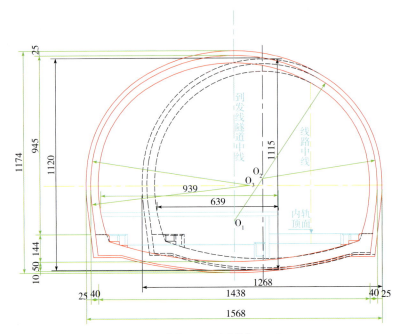

图 6-3　隧道截面图（尺寸单位：cm）

（1）方案一

站台从大小里程端疏散通道口范围加宽，加宽范围为 373m，站台面积增加约 1119m²，如图 6-4 所示。

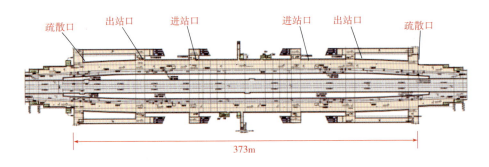

图 6-4　站台扩宽方案一站台平面图

（2）方案二

站台从大小里程端出站口范围加宽，加宽范围为 237m，站台面积增加约 711m²，如图 6-5 所示。

（3）方案三

有效站台范围内全部加宽，加宽范围为 450m，站台面积增加约 1350m²，如图 6-6 所示。

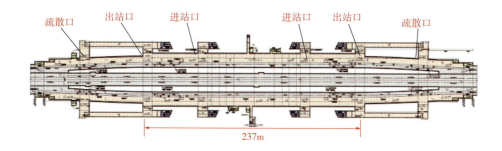

图 6-5 站台扩宽方案二站台平面图

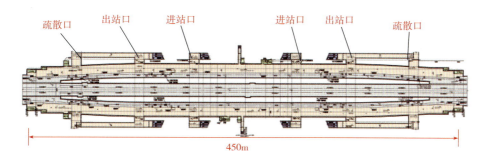

图 6-6 站台扩宽方案三站台平面图

（4）站台扩宽方案对比

①不同宽度对应的舒适度等级。

站台扩宽方案有效站台宽 9.2m，其中安全门距离站台边 1.2m。安全门内侧除去安全门厚度，净宽 7.05m。结合上述行人通行和等待服务水平标准可得出：

a. 平日 8 辆编组及奥运期间 16 辆编组早高峰站台宽度舒适度等级见表 6-10 和表 6-11。

站台通行区宽度舒适等级 表 6-10

项目	车 门 处				站台通行区		
	每个车门宽度（m）	每个车门通过人数（人）	车门数（个）	流出系数[人/(m·s)]	人流量（人/s）	疏散系数[人/(m·s)]	通道宽度（m）
数量	1	38	4	1	4	0.62	6.45
提示				服务等级 D		服务等级 C	

站台等待区宽度舒适等级 表 6-11

项目	站台等待区宽度计算					通道总宽度（m）
	车门处			通道处		
	单个安全门宽度（m）	每个安全门处等待人数（人）	安全门间距（个）	乘客占地（m²/人）	等待通道宽度（m）	
数量	2.4	13	23	0.9	0.65	7.05
提示			服务等级 C			

b. 平日 8 辆编组及奥运期间 16 辆编组晚高峰站台宽度舒适度等级见表 6-12 和表 6-13。

站台通行区宽度舒适度等级　　　　　　　表 6-12

项目	车门处				站台通行区		
	每个车门宽度（m）	每个车门通过人数（人）	车门数（个）	流出系数［人/(m·s)］	人流量（人/s）	疏散系数［人/(m·s)］	通道宽度（m）
数量	1	38	4	1	4	0.8	5
提示				服务等级 D		服务等级 C	

站台等待区宽度舒适度等级　　　　　　　表 6-13

项目	站台等待区宽度计算					通道总宽度（m）
	车门处			通道处		
	单个安全门宽度（m）	每个安全门处等待人数（人）	安全门间距（个）	乘客占地（m²/人）	等待通道宽度（m）	
数量	2.4	13	23	0.65	2.05	7.05
提示				服务等级 C		

站台扩宽方案在早高峰时通行区满足 C 级服务水平，等待区满足 B 级服务水平；晚高峰通行区及等待区满足 C 级服务水平。通行区乘客在早、晚高峰时段行进速度收到部分限制；行人在前进过程中受到的限制是可以自我调整的；横穿和逆行受到限制需要大量调整以避免冲突；通过人数大约是最大容量的 40%～65%。等待区早晚高峰时段停留或者通过排队区域都要受到限制，并对队内其他人构成干扰，但密度还处于舒适范围内。

②舒适度对比。

a. 宽度 6.2m 站台与站台扩宽方案站台宽度舒适度情况如表 6-14 所示。

舒 适 度 对 比 表　　　　　　　表 6-14

项目	宽度 6.2m 站台	站台扩宽方案
站台宽度（m）	6.2	9.2
安全门退站台宽度（m）	1.2（相向行走乘客需侧身通过）	1.8（满足相向行走乘客互不干扰）
安全门内侧站台宽度（m）	4.65	7.05
早高峰站台排队等待区所需宽度（m）	0.65	0.65
晚高峰站台排队等待区所需宽度（m）	1.00	2.05
早高峰站台通行区所需宽度（m）	4	6.45
晚高峰站台通行区所需宽度（m）	3.65	5
排队等待区服务等级	早高峰 C 级 晚高峰 D 级	C 级
通行区服务等级	D 级	C 级

站台扩宽 3m 后，站台的整体服务水平从 D 级提升到 C 级，有了较大的提升。在使到达站台的乘客能更安全、高效、便捷地进行活动的同时，也使乘客心理上感到更安全、更舒适。

b. 对站台上乘客行进速度进行分析，通过现状图（图 6-7）可看出，站台从距离出入口约 60m 处开始同时 4 股客流在站台上行进，因此站台加宽范围三个方案中的方案一，将站台从大小里程端疏散通道口范围加宽，加宽范围为 373m，舒适度最高。

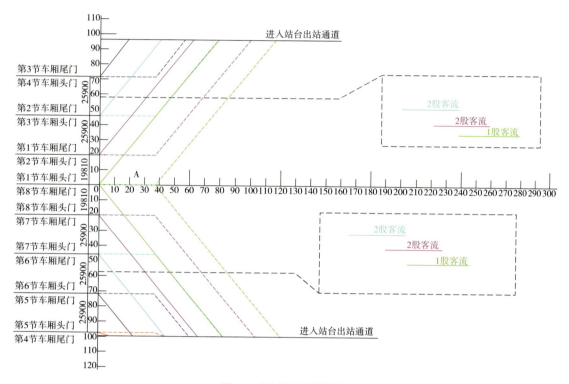

图 6-7 站台乘客行进线状图

综上所述，车站站台从大小里程端疏散通道口范围加宽 3m，加宽范围为 373m，比宽度 6.2m 站台舒适度有了显著提高。

3）客流模拟分析

设计单位对京张高铁八达岭长城站站台客流进行了仿真模拟评价。

通过对八达岭车站宽度 6.2m 站台方案和站台加宽的三种方案（方案一，站台宽度 9.2m，加宽长度 373m；方案二，站台宽度 9.2m，加宽长度 273m；方案三，站台宽度 9.2m，加宽长度 450m）的常规客流分布及紧急情况下的人员疏散情况进行了模拟分析。在模拟分析时，每一个方案均考虑了京张高铁平日为 8 辆编组，奥运期间为 16 辆编组的条件（不同时段的具体上下人参数见上文）。从人员密度、服务水平、拥挤时间等参数进行了对比分析，得到的结果如下：

①在空间使用率方面，站台加宽后，由于使用面积增加，因此平均人群密度和最大人群密度有所降低；但由于乘客大部分进入站台后集中在候车区域，因此四种工况的空间使用率变

化不大。

②在人员拥挤时间方面,对于服务水平为 E 级的区域,站台加宽方案一、站台加宽方案二、站台加宽方案三较原方案累计拥挤时间分别减少 4.08%、1.97%、4.51%;对于服务水平为 F 级的区域,站台加宽方案一、站台加宽方案二、站台加宽方案三较原方案累计拥挤时间分别减少 10.81%、7.34%、15.83%,因此站台加宽后人员行走较舒适些。但对于站台加宽方案一站台加宽范围 273m 和站台加宽方案三全站台加宽来说,相比拥挤时间减少的并不是很大。

③在空间服务水平方面,站台加宽方案一、站台加宽方案二、站台加宽方案三较原方案相比,其 A 级服务水平分别增加了 29%、14%、29%,B 级服务水平分别增加了 14%,C 级服务水平分别增加了 5%、0%、14%,D 级服务水平分别减少了 15%、12%、15%,E 级服务水平分别减少了 0%、3%、5%,因此可以看到,站台增宽后的三个方案与原方案相比,整体的 A、B 级服务水平都有了较大的提高,同时 D 级服务水平有了明显的减少,大大地提高了人员的舒适度。

④通过对紧急情况下人员疏散的模拟结果进行分析,站台未加宽时人员疏散至安全区域所需时间为 653s,站台加宽后人员疏散至安全区域所需时间为 681s,主要原因是因为计算应急疏散时,人员满布在站台层疏散,由于部分区域疏散距离变长导致疏散时间略有增加。根据《新建北京至张家口铁路八达岭长城站消防性能化设计评估报告》中的内容,当站台发生火灾时,其危险来临时间大于 1800s,因此,虽然疏散时间略有增加,但目前的方案均可以满足人员的安全疏散要求。

综上所述,站台宽度增加后,在人员进出站的整个模拟时间内,整个区域的服务水平有了较大的提升,A、B 级服务水平区域增加,D 级服务水平区域减少,提高了人员在站台上下车的舒适性;通过对站台加宽三种方案对比分析可知,方案一(加宽长度 373m)和方案三(全部加宽)相对于原方案来说服务等级提升得较大,但是方案一(加宽长度 373m)和方案三(全部加宽)相比,其服务水平提高得并不是很大,因此应从整体的造价、服务水平等方面综合比较,选取性价比较高的设计方案。

4)结论及建议

京张高铁站场设计过程中,从乘客舒适度、客流模拟、隧道安全性及投资估算等多个方面,对八达岭长城站宽度 6.2m 站台与站台加宽方案一(加宽 373m)、站台加宽方案二(加宽 273m)、站台加宽方案三(全部加宽)三个方案进行了对比分析,分析结果表明:站台加宽之后均满足疏散及施工安全要求,且极大提高了站台区域的服务水平。而三个站台加宽方案中,方案一(加宽长度 373m)和方案三(全部加宽)相对于原方案来说服务等级提升较大,尽管方案一(加宽长度 373m)和方案三(全部加宽)相比,其服务水平提高得并不是很大,但从整体的造价、服务水平等方面综合比较,推荐站台加宽方案一,站台加宽 373m 最优。

6.2.2 运用仿真计算方法检算主要车站及咽喉能力

1）仿真原理

列车技术作业过程仿真是车站设计阶段具体方案评价和优化的重要手段，准确的仿真结果能够为设计方案提供精确的数据支持，明确到发线、咽喉区、出入段线的使用情况，从而为相应的利用率分析提供依据，以此发现车站设计的薄弱环节。

京张高铁北京北站和清河站的设计运用 OpenTrack 软件进行仿真，根据列车的作业过程，按照相应的原则，在输入相应的条件下模拟所有列车在站内的运行过程，并输出仿真的各项统计数据。根据仿真的过程，发现车站设计方案存在的问题，为优化站场布置提供技术支撑。

2）北京北站仿真

（1）车流特点及存在的问题

北京北站为京张高铁的主要客运站，设 6 台 11 线，办理京张高铁动车组列车（含延庆方向）的始发终到作业。奥运期、远期开行的列车较多。

北京北站位于西直门地区，车站两侧被各种建筑物包围，不具备大改条件，车站规模维持既有，仅对咽喉区进行了改造。

（2）咽喉区增加平行进路

北京北站维持既有 6 台 11 线规模，为尽头式站型，客运作业均为始发终到。由于北京北站无大改条件，考虑 2 条正线引入连通各个股道，上行方向下行方向同时接发车。

方案一：无平行进路方案，如图 6-8 所示的红色线条。

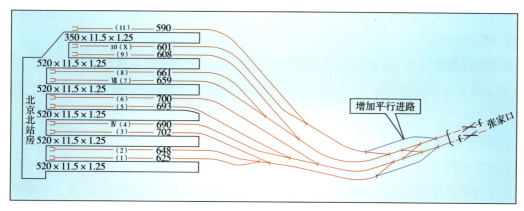

图 6-8 北京北站平行进路方案示意图（单位：m）

但方案一中存在接发车交叉较多的问题，到发线接发车的灵活性受限，故设计单位在咽喉区增加平行进路，增加平行进路的方案二见图 6-8 的红色线条和蓝色线条。在方案二中，10、11 道发车不影响 1～9 道接车，1～3 道接车不影响 4～11 道发车，到发线接车发车理论上更加灵活。

（3）能力分析

设计单位针对北京北站有无平行进路两个布置方案分别进行仿真计算。

① 无平行进路方案。

a. 检算方案。

仿真方案按照 4min 追踪间隔设计，实现 1h 接发清河方向立折车 10 对，可作为运行图单元实现循环铺图（9:00—19:00 间循环，其余时段为动车组出入段阶段），仿真结果如图 6-9 所示。

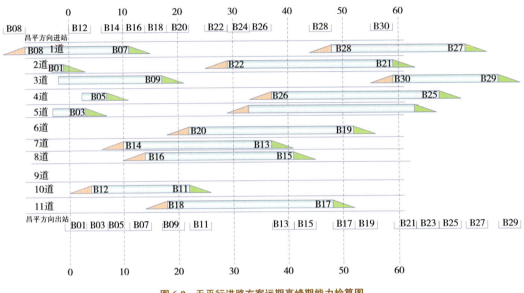

图 6-9　无平行进路方案远期高峰期能力检算图

b. 方案分析。

仿真方案高峰 1h 共接发 10 对列车，咽喉能力是车站通过能力的瓶颈，受咽喉能力限制，到发线 9 道未使用。

按照循环铺图计算（10h），加上早晚出入段的接发车能力（可办理 5 对立折车），在满足 29 组动车底出入段的情况下，全天可实现清河方向始发终到列车 134 对，方案几乎无调整余地。

② 有平行进路方案。

a. 检算方案。

仿真方案同样按照 4min 追踪间隔设计，实现 1h 接发清河方向立折车 12 对，可作为运行图单元实现循环铺图（9:00—19:00 间循环，其余时段为动车组出入段阶段），仿真结果如图 6-10 所示。

b. 方案分析。

仿真方案高峰 1h 共接发 12 对列车，咽喉能力是车站通过能力的瓶颈，受咽喉能力限制，到发线 3 道、8 道未使用。

按照循环铺图计算（10h），加上早晚出入段的接发车能力（可办理 12 对立折车），在满足 29 组动车底出入段的情况下，全天可实现清河方向始发终到列车 161 对。

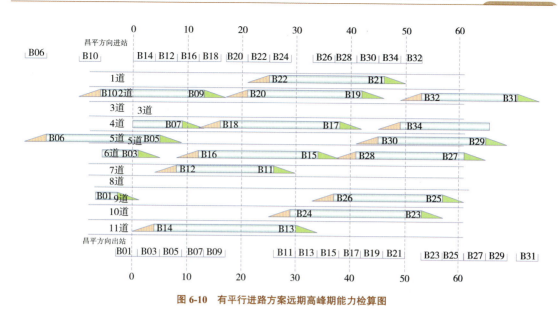

图 6-10 有平行进路方案远期高峰期能力检算图

（4）北京北站远期能力分析结论

远期按照 4min 的追踪间隔时间设计，根据仿真结果，得到以下结论。

①咽喉能力紧张，无平行进路方案，基本无调整余地。

北京北站无平行进路方案可实现高峰期接发车能力为 10 对/h，全天最大通过能力为 134 对，基本满足远期列流量需求，但咽喉能力已经用满，列车运行基本无调整余地；有平行进路方案可实现高峰期接发车能力为 12 对/h，全天最大通过能力为 161 对，比无平行进路方案高峰期接发车能力增加 20%，全天最大通过能力增加 20%。

②到发线能力满足远期列流强度。

由于受咽喉能力限制，高峰期无平行进路方案有 1 条到发线未使用，有平行进路方案有 2 条到发线未使用，到发线能力均存在富裕，有平行进路方案较无平行进路方案到发线利用率小，占用到发线时间少。

根据以上仿真分析，为保证车站接发车灵活性，预留市郊铁路接入条件，增强高铁应对突发性需求的能力，最终采用有平行进路布置方案。

3）清河站

（1）车流特点及存在的问题

如前所述，清河站四面空间较为紧促，西邻地铁、东靠商业、北接小区、南临斜拉桥，控制点众多，在设计时既需要保证车站到发线和咽喉区通过能力满足要求，又要考虑减少工程征拆成本。

（2）车站站型正线外包

清河站作为京张高铁的主要客站，将办理大量客车的始发终到作业，始发终到客车对数与通过客车对数相当，结合清河站周边控制点多、正线通过速度低等特点，确定清河站采用正线外包站型。

（3）咽喉区增加平行进路

清河站办理的作业如下：①旅客列车的始发终到及停站通过作业；②动车组出入段的走行；③普速客车的机车走行。

经设计仿真，考虑大里程设置平行进路，满足站内1、Ⅱ道发车，3、4道机车走行，5、6道动车出入段走行及Ⅶ、8道接车同时作业。

根据清河站平面方案进行仿真计算，其高峰小时可接发12对列车，满足冬奥会期间高峰小时10对车的要求。进行循环铺图计算，清河站平面方案在满足21组动车底出入段的情况下，全天（05:00—24:00）可承担始发终到列车92对及通过列车96对，满足冬奥会清河站始发终到车54对及通过车60对的要求。

清河站大里程平行进路方案示意图如图6-11所示，清河站冬奥会期间高峰小时能力检算图如图6-12所示。

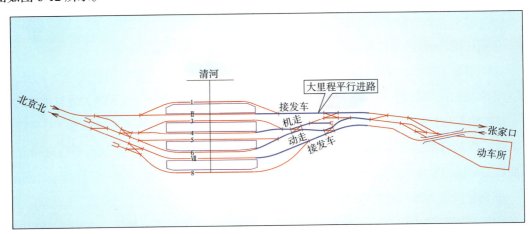

图6-11　清河站大里程端平行进路方案示意图

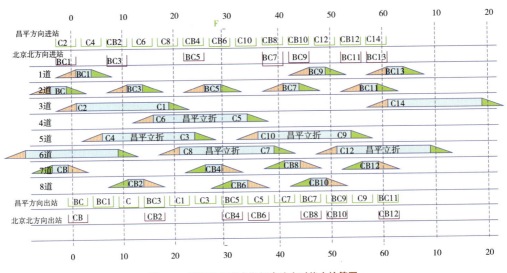

图6-12　清河站冬奥会期间高峰小时能力检算图

6.2.3 运用固化道床技术提升车站绿色环保效能

（1）北京北站既有设备及特点介绍

北京五环内均采用有砟轨道，北京北站既有正线股道铺设 60kg/m 钢轨，其余 10 股道（到发线）均铺设 50kg/m、25m 定尺钢轨，枕木为混凝土宽轨，石灰岩道砟，厚度 35cm。北京北站站台北端至清华园隧道出口 U 形槽南端约为 600m。

考虑到有砟轨道容易因列车运行造成道砟错位，长时间运营后易出现变形、脏污、板结等问题，需要定期进行养护维修捣固、清筛，而大型机械养护维修为周边环境带来的噪声及粉尘等污染较为严重，会对北京市区的环境质量产生不利影响，设计单位考虑采用聚氨酯固化道床技术对碎石道床进行加固。

（2）聚氨酯固化道床的应用

聚氨酯固化道床是在已经达到稳定的新铺碎石道床内浇注聚氨酯材料，形成弹性整体道床结构，其兼顾了有砟轨道和无砟轨道优点的一种新型轨道结构，具有以下优点：①具有良好的弹性、整体性和稳定性；②可避免道砟间的错位移动，持久保持道床弹性；③可减缓道床的累积变形，养护维修工作量少；④具有良好的协调变形能力；⑤具有良好的减振、降噪功能；⑥可维修性好，且使用寿命是普通碎石道床的 2~3 倍。京张高铁在北京五环内采用聚氨酯固化道床，能减少对环境的影响。车站内主要使用在北京北站咽喉区至清华园隧道进口及清河站小里程咽喉区。

①聚氨酯固化道床范围线路的钢轨、轨枕、扣件与一般有砟轨道一致，道砟采用一级道砟，道床顶面应低于承轨面 40mm，且不高于轨枕中部顶面。道砟的物理力学性能应符合《铁路碎石道砟》（TB/T 2140—2008）的要求。道砟上道前应进行清洗，道砟颗粒表面清洁度不得大于 0.17%。

②聚氨酯固化道床的实施，需要在道床与线下结构之间铺排水垫层（三维复合排水网，厚度 7mm），以满足道床排水功能。排水垫性能指标应满足《聚氨酯泡沫固化道床暂行技术条件》（铁总科技〔2013〕143 号）的规定。

③轨道结构高度。轨道结构高度见表 6-15。

轨道结构高度表 表 6-15

序号	项目	类型	双线（线间距 4.6m）	
			路基	桥
1	钢轨	60kg/m	0.176m	0.176m
2	垫板	橡胶	0.010m	0.010m
3	轨枕	Ⅲc 型（1667 根/km）	0.23m	0.23m
4	道床+排水垫	单层	0.35m	0.35m
5	路拱		0.206m	
6	轨道高度		0.972m	0.766m

路基地段内侧钢轨顶面至路肩的垂直高度为 972mm；桥梁地段内侧钢轨顶面至桥梁面的垂直高度为 766mm。

一般区段采用双梯形聚氨酯固化道床，折合每根轨枕聚氨酯用量为 63kg，结构断面如图 6-13 所示。

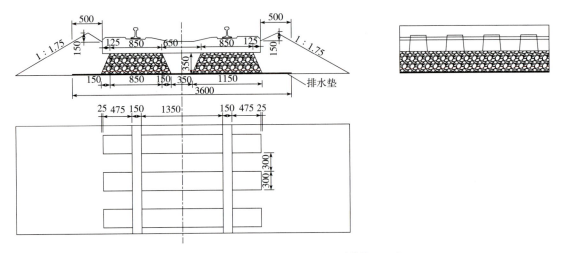

图 6-13　双梯形聚氨酯固化道床结构（尺寸单位：mm）

岔区根据道岔布置情况，采用双梯形固化和全断面固化结合的方式，固化范围根据道岔布置确定，固化结构断面具体固化范围及排水垫宽度如图 6-14 所示。

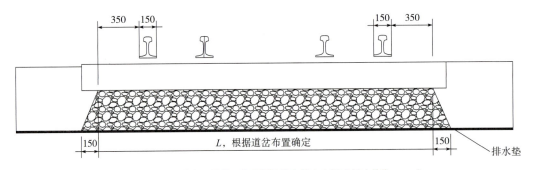

图 6-14　固化结构断面具体固化范围及排水垫宽度图（尺寸单位：mm）

聚氨酯道床用聚氨酯泡沫体性能应符合《聚氨酯泡沫固化道床暂行技术条件》（铁总科技〔2013〕143号）中表6"高速铁路固化道床用聚氨酯泡沫性能"要求，其他原材料质量要求及施工参见《聚氨酯泡沫固化道床暂行技术条件》（铁总科技〔2013〕143号）及其他现行标准和规范。

◎ 6.2.4　运用道岔状态监测设备防范风险于未然

高速道岔在高速铁路基础设施中的重要性不言而喻，是直接影响行车安全的关键设施，必须具有高速度、高安全性、高平稳性、高可靠性的特性，能长期保持良好的工作状态，确保高速列车安全、平稳、不间断地运行。

道岔是线路中的薄弱环节,在列车及温度荷载的作用下,相比于基本轨,道岔更容易发生损伤变形及性能劣化;且道岔带有弹条扣件及扣件系统,道岔一旦断裂,扣件即会脱落,更容易引发行车事故。同时,由于没有类似基本轨带有的轨道电路等监测手段,很难及时发现道岔的断裂问题。因此,道岔的监测与维护一直是线路维修中的重点及难点。

八达岭长城站为地下站,对线路轨道、道岔结构稳定性要求较高,同时该车站埋深大,工务养护维修难度大;延庆支线经八达岭西线路所2组42号道岔连通京张高铁正线,延庆支线方向客车侧向通过速度快,行车数量多,42号道岔维修难度较大,结构稳定性要求高。故设计单位在八达岭长城站正线上的6号、8号道岔,八达岭西线路所正线上的1号、3号道岔均设计安装道岔检测系统,监测系统示意图和现场照片分别如图6-15、图6-16所示。

图6-15 监测设备安装示意图1

图6-16 监测设备安装示意图2

安装高速铁路道岔监测系统后,可对道岔区域钢轨裂纹进行监测,能够有效区分钢轨不同类型开裂信号以及车辆通过时引入的各类噪声,具备裂纹分类报警、设备自检、故障自诊断、日志记录等功能,由通信网络、监测终端、监测中心、监测主机、监测分机及各类传感器组成,按铁路局、工务段、车站三级结构进行管理,大大减少了人力、物力及财力的投入。

CHAPTER 7
>>>> 第7章

结束语
CONCLUSIONS

作为一条一头连着历史——目睹了旧中国的屈辱历史,一头连着未来——见证了新中国的伟大复兴的铁路,京张高铁充满了各种故事,其血脉中融入了几代人最美的青春年华。

1909 年,由中国人设计建造的第一条铁路——老京张铁路,正式开通运营,从此开启了中国铁路建设的新纪元。2019 年,跨越 110 年的历史,京张高铁正式开通,新线路集近年来中国高速铁路发展之大成者,既往而开来。在青龙桥站,京张高铁与老京张铁路的"人"字形线路,组合成一个"大"字,新老两条京张铁路线穿越时空交汇在一起,实现了跨越百年的"握手"。

从老京张铁路到京张高铁一字之差,跨越百年时空,从自主设计修建零的突破到世界最先进水平,从时速 35km 到 350km,两条钢铁巨龙同框同向,犹如镶嵌在神州大地上的新地标、新徽章,见证着中国铁路发展和中国综合国力的飞跃,穿越百年,闪耀出不同的光芒。

在京张高铁的站场设计中,采用了当前我国高铁最高的技术标准及理念,除了考虑到常规项目的影响因素外,更是充分体现了以人为本和站城融合的理念,将城市规划、环境保护、冬奥会客流转移等多种影响因素纳入到了设计当中。从拥有 10 条铁路干线、4 条客运专线、4 条城际铁路、3 重铁路环线,呈环形放射状的北京铁路枢纽;位于冀西北地区中心城市、京北门户,连接京津沟通晋蒙的张家口铁路地区;到融合城市规划的清河站、促进城市发展的张家口站、融入 5A 级景区的八达岭站、体现冬奥精神的太子城站、利用既有设备的北京北站,京张高铁的站场设计在充分考虑冬奥需求的基础上,大量运用动态模拟、仿真计算等新方法,固化道床等新技术,以及道岔状态监测等新设备,对今后高速铁路的站场设计具有极强的借鉴意义。

本书在汇总设计工作大量成果的同时,深挖站场设计的理论内涵,细致地论述了不同设计方案的对比过程,是对既有设计经验的高度概括,为后续高速铁路站场设计工作保留了珍贵的资料。

参考文献

[1] 中铁工程设计咨询集团有限公司. 北京至张家口铁路可行性研究 [R]. 北京：中铁工程设计咨询集团有限公司, 2008.

[2] 中铁工程设计咨询集团有限公司. 北京至张家口铁路初步设计 [R]. 北京：中铁工程设计咨询集团有限公司, 2015.

[3] 中铁工程设计咨询集团有限公司. 北京至张家口施工图总说明 [R]. 北京：中铁工程设计咨询集团有限公司. 2016.

[4] 中铁工程设计咨询集团有限公司. 张家口南及货运外迁工程Ⅰ类变更站前施工图 [R]. 北京：中铁工程设计咨询集团有限公司. 2017.

[5] 中铁工程设计咨询集团有限公司. 崇礼铁路可行性研究 [R]. 北京：中铁工程设计咨询集团有限公司, 2015.

[6] 中铁工程设计咨询集团有限公司. 崇礼铁路初步设计 [R]. 北京：中铁工程设计咨询集团有限公司, 2016.

[7] 中铁工程设计咨询集团有限公司. 张家口至雄安铁路规划研究报告 [R]. 北京：中铁工程设计咨询集团有限公司. 2017.

[8] 国家铁路局. 铁路车站及枢纽设计规范：TB 10099—2017[S]. 北京：中国铁道出版社有限公司, 2017.

[9] 国家铁路局. 高速铁路设计规范：TB 10621—2014 [S]. 北京：中国铁道出版社有限公司, 2015.

[10] 国家铁路局. 铁路旅客车站设计规范：TB 10100—2018[S]. 北京：中国铁道出版社有限公司, 2018.

[11] 中华人民共和国住房和城乡建设部. 地铁设计规范：GB 50157—2013 [S]. 北京：中国建筑工业出版社, 2013.

[12] 中国铁道科学研究院集团有限公司. 新建北京至张家口铁路环境影响报告书 [R]. 北京：中国铁道科学研究院集团有限公司. 2015.

[13] 佚名. 北京冬奥会赛区场馆介绍 [J]. 工会博览, 2018 (20): 36.

[14] 张振军. 百年京张 百年辉煌——纪念京张铁路开通一百周年 [J]. 中国品牌与防伪, 2010 (01): 70-75.

[15] 纪连海. 从京张铁路到京张高铁 [J]. 当代电力文化, 2020 (02): 11.

[16] 段海龙. 工程社会学视角下的京张铁路建设 [J]. 工程研究——跨学科视野中的工程, 2020, 12 (04): 405-411.

[17] 周总印. 从京张铁路到京张高铁的百年跨越与蝶变 [J]. 档案天地, 2020 (06): 31-36.

[18] 姚兴哲. 京张铁路与张家口城市的发展 [J]. 石家庄铁道大学学报 (社会科学版), 2019, 13 (04): 81-86.

[19] 蒋小军. 京唐铁路引入北京枢纽方案研究 [C] // 中国铁道学会运输委员会. 第十八届站场与枢纽年会论文集, 2017: 3.

[20] 陈超. 成都至达州至万州高速铁路引入南充地区方案研究 [J]. 铁道勘察, 2020, 46 (03): 68-73.

[21] 高云胜. 浅析东京都市圈的公共交通系统 [J]. 北方交通, 2009 (03): 130-132.

[22] 余柳, 刘莹. 东京综合交通枢纽布局规划研究与启示 [J]. 交通运输系统工程与信息, 2013, 13 (01): 17-24.

[23] 王志美, 林柏梁. 法国巴黎高铁环形联络线客流疏运研究 [J]. 中国铁路, 2012 (03): 92-95.

[24] 褚冠男. 从站房角度谈京张高铁文化的表达 [J]. 铁道勘察, 2020, 46 (01): 12-18+102.

[25] 佚名. 发展奥运经济, 融入京津冀协同发展 [N]. 张家口日报, 2014-07-05 (003).

[26] 冯双洲. 德国 ICE 高速动车组及其检修技术 [J]. 机车电传动, 2002 (04): 1-4+18.

[27] 胡惠欣, 王浩. 石家庄铁路枢纽客运系统方案研究 [J]. 中国铁路, 2005 (05): 57-58.

[28] 蒋伟平. 张家口铁路地区总图研究 [J]. 铁道标准设计, 2009 (4): 19-21.

[29] 蒋伟平. 解析"精品工程 智能京张"对新时代中国铁路建设的深远影响 [J]. 铁道标准设计, 2020, 64 (01): 1-6.

[30] 金世斌. 国外城市群一体化发展的实践成效与经验启示 [J]. 上海城市管理, 2017, 26 (02): 38-43.

[31] 李春聚. 张家口市主城区城市空间结构演变研究 [J]. 河北建筑工程学院学报, 2011, 29 (04): 21-25+31.

[32] 李继东, 季彦霞, 李建华, 等. 河北省滑雪场现状与发展路径选择 [J]. 河北体育学院学报, 2018, 32 (01): 14-21.

[33] 李亮. 京张城际铁路引入张家口地区方案研究 [J]. 铁道运输与经济, 2014, 36 (7): 50-53+65.

[34] 林海波. 京张铁路八达岭越岭方案研究 [J]. 铁道勘察, 2014 (6): 89-92.

[35] 刘栋栋，王晓湧，高颖，等．京张高铁八达岭站行人仿真分析及站台设计[J]．消防科学与技术，2018, 37 (9)：1188-1190．

[36] 马丽君．中国典型城市旅游气候舒适度及其与客流量相关性分析[D]．西安：陕西师范大学，2012．

[37] 欧宁．京张高铁车站设计创新研究[J]．铁道标准设计，2020，64 (1)：164-169+193．

[38] 乔俊飞．京张高铁八达岭景区设站研究[J]．铁道标准设计，2020, 64 (1)：12-15．

[39] 邵遂胜．蓝张线引入张家口地区接轨方案研究[J]．铁道货运，2014，32 (11)：23-27．

[40] 司耀旺，顾保南．德国柏林铁路客运枢纽特点分析[J]．综合运输，2009 (08)：79-83．

[41] 王海志，王荣辉．我国发展高铁货运的可行性分析及方案选择[J]．综合运输，2012 (06)：56-60．

[42] 王洪雨，张振义，刘建友．京张高速铁路八达岭长城站客流特征及流线设计[J]．高速铁路技术，2020, 11 (03)：37-41．

[43] 王欣睿．新建京张铁路清河站综合交通枢纽规划方案分析[J]．铁道运输与经济，2019，41 (3)：58-62．

[44] 王新宇．京张城际铁路引入北京枢纽方案研究[D]．北京：北京交通大学，2015．

[45] 闫红．利用既有线开行市郊列车发展建设探讨[J]．高速铁路技术，2020 (S1)．

[46] 尹斌．京张高铁预应力混凝土框架墩设计实例分析[J]．珠江水运，2018 (11)：95-96．

[47] 余柳，刘莹．东京综合交通枢纽布局规划研究与启示[J]．交通运输系统工程与信息，2013, 13 (1)：17-24．

[48] 袁广琳，高国琛．张唐线张家口地区引入方案研究[J]．铁道勘察，2012，38 (1)：72-76．

[49] 王洪雨．智能京张高速铁路总体创新设计[J]．铁道标准设计，2020, 64 (01)：7-11．

[50] 张晓琦．张集线双线引入张家口地区方案研究[J]．铁道工程学报，2007 (8)：89-92+102．

[51] 赵琳，孙行，吕刚，等．京张高铁八达岭长城站站台宽度计算及舒适度分析[J]．铁道标准设计，2020, 64 (01)：87-94．

[52] 欧宁．京张高铁清河站站房绿色设计研究[J]．铁道勘察，2020, 46 (01)：1-6．

[53] 李智伟，杨锐．京张铁路引入北京枢纽线路建设方案探讨[J]．铁道运输与经济，2016, 38 (06)：44-48．

[54] 周力．国产动车组维修体系研究[D]．北京：北京交通大学，2008．

[55] 冯小学，张宁，李恒兴，等．京张高铁站房设计管理的创新理念与实践[J]．铁道标准设计，2021, 65 (02)：128-133．

[56] 石颖川．对城市工业遗产的人类学思考——西直门火车站的变迁与历史记忆[D]．北京：中央民族大学，2010．

[57] 夏瑞伶．从城市布局谈北京枢纽新客运站规划[J]．铁道标准设计，2009 (11)：1-4．

［58］魏然,高小,周浪雅.基于OpenTrack软件的列车技术作业过程仿真研究[J].铁道运输与经济,2013,35(05):25-29.

［59］陆杨.京张铁路 历史可鉴 今朝更快[J].时尚北京,2020(02):98-100.

［60］付革,白雨.国外体育设施建设布局研究——以索契冬奥会体育设施建设布局为例[J].内蒙古体育科技,2014,(01):4-5.

［61］朱彦,韩文,于大海,等.聚氨酯固化道床用聚氨酯材料使用寿命预测[J].铁道建筑,2017(05):113-117.